JN074175

3つのステップを完全マス

実地棚

なるほどQ&

株式会社エイジス[監修]

近江 元［著］

中央経済社

はじめに
－棚卸の目的と意義－

「棚卸は何のために行うのか」、また、「どうやったらいいのか」、「そもそも棚卸とはどういうものか」。そんな疑問に答えるのが本書です。

何らかの資産（棚卸資産）を有する会社は必ず棚卸を行わなくてはなりません。企業活動において、商品開発、製造、販売活動いわゆる営業活動、そしてより効果的に販売につながるような販売促進活動はもちろん必要ですし、それらを支える人事教育、財務経理、総務などの役割も必要不可欠なものです。また、これらと同様に棚卸は企業活動において欠かすことができないものです。

棚卸は多くの他の業務とは異なり、毎日行うものではありません。ですから棚卸の専門部署がある企業はまずないでしょう。棚卸を管理する部署としては、総務部や財務経理部といったところが多いのではないでしょうか。また、在庫管理という観点からは商品管理部もその役目を果たしているかもしれません。

いずれにせよ棚卸は必要であり、多くの部署が関係するにもかかわらず、ある特定の日にイベントとして行われるため、その目的や意義、それを行う上での必要な知識や実務上の手順・方法については、十分に知られていない部分が多くあるのではないでしょうか。本書では、棚卸を行う上での責任部署の担当者の方だけではなく、何らかの関与がある部署に所属する方々にも知っていただきたいもの、特に棚卸の実務について説明しています。

棚卸の目的は、大きく分けて2つあります。1つは財務上の目的です。つまり会社の業績を決める上で欠かすことができないものです。したがって、原材料、仕掛品、半製品、製品、販売目的の商品、消耗品などの価値を確定することが必要です。これらの数値が正しく得られないと、会社の業績、つまり利益を確定することができないからです。

さて、どの企業も法人としての納税義務があります。納税額は当然企業の利益に対して決められます。ですから利益を確定することなしには、納税額は確定できません。利益を正しく把握し確定できなければ、実際の利益が税務申告した利益よりも少ないために税金を払いすぎたり、一方では申告した利益より

も実際の利益が多く、国税局や税務署の調査が入り、誤り（不正を疑われる可能性も）が発覚し、追徴課税されるといった問題が起きないとも限りません。

このように税務上からも、決算時期には必ず、何らかの方法で実際にある正確な棚卸資産を算定しなくてはなりません。したがって必ず1会計年度、つまり1年に1度は棚卸を行わなくてはならないわけです。

このように利益を確定するという財務上の目的を果たすためには棚卸が不可欠であることがおわかりいただけると思います。

棚卸のもう1つの目的は在庫管理です。事業を行う上で過剰に在庫を持てば、その分だけ現預金が減るために資金繰りに影響します。それに加えて、商品の有効期限、食品などでは消費期限や賞味期限切れで廃棄などが生じて利益を毀損することにもなりかねません。一方で在庫を十分に持たなければ、欠品を生じさせるリスクが生じ、顧客からの注文に応じられなかったり、店頭での欠品により販売機会を失うことになります。このように適切な在庫管理のためにも在庫数量や金額を正確に把握することが大切です。

内部統制という言葉があります。その意味は「業務の適正を確保するための社内体制の統制」です。内部統制システムの整備が義務付けられるのは大会社や上場企業です。しかし、それ以外の会社にとって内部統制は企業活動を行う上でも意義のあることです。

金融庁が定める内部統制等の実施基準では、内部統制には次の4つの目的が示されています。

① 業務の有効性・効率性を高めること
② 財務報告の信頼性を確保すること
③ 法令等の規範の遵守を促進すること
④ 会社資産の保全を図ること

つまり棚卸は、これら内部統制の4つの目的を実現することに大変深い関わりがあるのです。

2022年10月

近江　元

Contents

第 **1** 章

実地棚卸とは

1-1 棚卸の語源

Q 「棚卸」という言葉は「棚」と「卸」の2つの漢字で構成されています。なぜ棚卸というのでしょうか？　どんな意味なのでしょうか？　他に同じ意味の言葉はありますか？

A たしかに、「棚卸」を知らない人には、それが在庫のことや在庫を調べることをイメージするのは難しいですね。「棚卸」ではなく「実在庫」「実在庫調査」とするほうが理解しやすいかもしれません。それではなぜ「棚卸」という用語が（日本に）定着したのか、その歴史から紹介しましょう。

解 説

1　棚卸の語源

　「棚卸」を辞書で調べると「店卸（し）」とも表記されています。「棚」とは保管・陳列場所の棚を指し、「店」とは店舗そのものを指します。棚卸の語源は「棚から品物を下ろして調べること」といわれます。日本の近世の商店では正月上旬の吉日などに、保管されている商品を調べていたそうです。もともと漢字は中国から来たものですが、中国語には「棚卸」という言葉はありません。

　それでは他に呼び方はないのでしょうか。「付（け）立て」という言葉もまだ一部では使われています。明治時代の資料に「有品附立帳」（ゆうひんつけたてちょう）という記載があります。これは商品在庫高、すなわち棚卸資産を記録したもののようです。「付立て」の意味を辞書で調べると「帳面にしるしをつけること」とあります。現在でも一部の小売企業では、商品を数えて棚卸票に記入することを「付立て」と呼び、「棚卸」は実在庫確定のすべてのプロセスを含むものとして区別して使われれています。

2　他の国では何と呼ばれているか

　棚卸そのものは例外なくどの国においても行われているはずです。英語ではinventory もしくは physical inventory です。inventory は商品（財産）目録の

2

意味であると同時に商品在庫そのものを指します。動詞の inventory は、在庫を調べてリストを作ること、すなわち棚卸作業そのものを指します。physical とつくのも、物質＝実体を示す、すなわち実地棚卸だからです。同じ英語でも、在庫を調べるという意味で stock-taking といった表現をされることもあります。これは主に英国で使われている用語です。実地棚卸に対しての帳簿在庫（帳簿上の＝データ上の）を book inventory というのもうなずけますね。

　ドイツ語の inventar やフランス語の inventaire も、元は英語と同じなのでしょうね。

　さて、「棚卸」は漢語にはないといいましたが、中国では棚卸のことを「盤点」もしくは「盤點存貨」（盘点存货）などといいます。「盤」は大皿を意味しますから、日本語の「棚」とはイメージが異なります。「点」は1つずつ改め調べるという意味があり、日本語でも「商品が2点ある」といった具合に使われていますから、なるほどと思います。

　お隣の韓国でよく使われているのが재고조사（チェゴチョサ）です。「チェゴ」は在庫、「チョサ」は調査のことですから、「棚卸とは在庫調査のこと」といえば、棚卸を知らない人にもわかってもらえそうです。

1-2 帳簿棚卸と実地棚卸

> **Q** 棚卸には帳簿棚卸と実地棚卸があると聞いたことがあります。どのように違うのか、また、両者はどういう関係にあるのでしょうか?

A 端的にいえば、実際の在庫を調べるのが実地棚卸で、帳簿（データ）上あるはずの在庫で集計するのが帳簿棚卸です。

解 説

1 帳簿棚卸

　帳簿棚卸とは、あるはずの在庫です。なぜ「あるはずの」なのでしょうか。商品の入荷と出荷（販売）の記録をつけていれば現在の在庫は把握できるはずです。あるべき在庫が帳簿在庫であり、それを集計すれば帳簿棚卸となります。あるべき在庫なので理論在庫といわれることもあります。帳簿とは在庫の記録帳のことですから、帳簿棚卸（在庫）が英語で book inventory もしくは inventory on book というのもうなずけます。帳簿棚卸という古めかしい言葉ではなく、インターネットがつながり、商品の出入りのデータの把握も人間の手を介さずにできるようになった今なら理論在庫のほうが理解しやすいでしょう。テクノロジーが急速に発展・普及している現在、実地棚卸の手間を考えると、帳簿棚卸で理論在庫を把握することで十分ではないかと考えられても不思議ではないでしょう。もちろん、それで問題ないと判断することもできないわけではありません。費用対効果を考慮した経営判断がそこにあるのは当然のことです。

2 実地棚卸

　実地棚卸は、「あるはずの」ものが本当にあるのかを実際に調べることを指します。つまり、同じ棚卸でも行うことはまったく異なります。「あるはずの」在庫、言い換えれば在庫の推測値を示すことや計算上求めることと、実際に倉庫や店舗にある商品在庫の存在とその数量を確認して記録することでは大きな違いがあります。

　帳簿棚卸では在庫の増減の原因は把握できますが、実際に在庫が存在しているかどうかは保証することができません。日々、商品の出入りは頻繁に起こります。また、小売業では非常に多くの種類の商品を取り扱います。すべての商品とその出入りを間違いなく把握し、すべての商品の帳簿在庫と実在庫を完全に一致させることはなかなか困難です。

　もちろん、帳簿在庫の精度を高めるためには、日々の業務プロセスが厳密に正しく行われ、管理される必要があります。そして正確な実地棚卸を行うことの2つが揃えば、結果として帳簿在庫と実在庫の差異は小さくなっていくはずですが、ゼロにすることは不可能に近いといえるでしょう。

　実地棚卸とは「事実を調査し、それを具体的に数値という形で知る」ことです。調査した結果が事実ではなく信用できない数値なら正しい経営判断はできません。場合によっては経営の根幹を揺るがす事態にもなりかねないのです。このように作業として見た実地棚卸は、商品の数量を実際に数えて記録・集計するという一見単純で何でもないようなことですが、その役割は経営上、非常に重要な業務であるといえます。

商品の数量を実際に数えて記録・集計するという一見単純なこと

信用できない数値では正しい経営判断はできない

1-3 小売業の特徴と実地棚卸

> **Q** 小売業の実地棚卸は大変だと聞いたことがありますが、どうして大変なので
> しょうか、また、その理由は何でしょうか？

A 小売業の特徴は、製造業や卸売業に比べて、取扱品目数がとてつもなく多いこ
とです。また、不特定多数の人間が自由に出入りできる場所である売場に商品
在庫が存在するという特徴もあります。その結果、棚卸に必要な作業量（人と
時間）が多いのはもちろん、理論在庫と実在庫の不一致なども発生しやすいの
です。

解 説

1 品目数の多さと棚卸

　店舗の規模にもよりますが、比較的小型のコンビニエンスストアでも数千品
目もの商品が品揃えされており、ドラッグストアやスーパーマーケットでは1
万〜2万SKU（Stock Keeping Unit；単品、JANコードで識別する商品の単位）
の商品を取り扱っています。大型の店舗ではさらに何万SKUという多数の商
品を取り扱っています。

　当然、棚卸作業は非常に手間がか
かります。さらに、新商品の発売や
季節ごとの商品の入れ替えなど、常
に同じ商品が陳列されているわけで
はありません。非常に速いスピード
で商品が入れ替わっていくのです。

　メーカーや卸売業者の倉庫に保管
されている商品の大半は決まった入
り数で段ボール箱に入っていますか
ら、商品が大量とはいってもその商
品の数量を把握するのは比較的容易

取扱品目数の多さと商品の入れ替わりの速さ

です。ところが店舗の商品は消費者が購入する単位で陳列されていますから、それを 1 つひとつ数えなくてはなりません。同じ商品が倉庫など 1 箇所に 1 万個あるのであれば数量を確認する作業はさほど時間がかかるわけではありません。このような商品は、例えば100個単位で梱包されていれば100ケースの在庫を確認できればよいのです。ところが、小売業であれば同じ商品が 1 万個ではなく、たとえ全体の在庫数量が 1 万個であっても、 1 つの商品在庫数が平均10個なら、そこには1,000種類の商品が存在します。前者なら数分で確認できるはずですが、後者なら準備作業も含めるとどれだけの時間がかかるでしょうか、想像してみてください。

　その特徴を確認できる場所は書店です。棚に陳列されている書籍は 1 冊もしくは 2 冊です。最下段の平積みの本はこれに比べれば多いですが、ほとんどの書籍は棚に収められています。大型の書店ではいったいどのくらいの種類の書籍や雑誌が販売されているのでしょうか、想像してみてください。

　棚卸は決められたスケジュールで年に何度も行われるものではありません。しかし、店舗の営業活動はほとんど毎日行われます。多くの取引先から日々新しい商品が店に届けられます。ある程度の規模の小売業であれば、納品物を集約して物流センターから一括納品しますが、それでも温度帯管理や商品の消費期限などの違いもあり、 1 箇所からすべての商品を同時に届けることは大変困難です。さらに、入荷した商品を正しい位置に補充陳列する作業をしなくてはなりません。このように小売業における棚卸を含む商品管理には大変難しいことが多くあります。

2　不特定多数の人が自由に出入りできる環境とその管理

　店舗の売場は一般人に開放されている公共空間ともいえます。つまり不特定多数の人が自由に出入りできます。大規模な店舗では 1 日に 1 万人以上の来店客数があります。食品などを主体に販売する一般的なスーパーマーケットでも毎日1,000人以上の買物客が来店します。もちろん、会員制ホールセール・クラブ＊（コストコが有名）のように会員のみが入場でき買物ができるような店舗もありますが、例外的なものです。

　工場や倉庫と比べるとその差は歴然としています。工場や倉庫にはそこで働

く人や取引先の関係者以外は立ち入ることはできません。それも自由にとは限りません。入退場を厳密に管理している工場や倉庫も多くあります。

それに加えて多くの店舗ではお客自身が直接商品を手に取って、精算場所で支払を済ませるといった販売方法がとられています。これをセルフサービス方式と呼びますが、これがさらに商品管理を難しくしています。

商品を運搬し店舗に納める納入業者、入荷商品の数量や品質をチェックする店舗の担当者、売場に補充陳列する担当者、購入しようと商品を手に取るお客、その精算作業をするレジ係など、さまざまな役割・立場の人々が関与しています。多くの人が関与するのですから、どこかの過程でミスが起きても不思議ではありません。そのような理由もあって、小売業における商品管理は大変難しいといえます。また、あってはならないことですが、商品を無断で持ち出す窃盗行為（万引や従業員による商品の無断持ち出し）などの不正もなくならず、小売業の大きな悩みの1つになっています。

3　店舗数の多さ

小売業のもう1つの特徴は、大手小売業では1企業の店舗数が非常に多いことです。1つの営業拠点で大きな売上を上げることよりも、企業全体として個々の店舗を集約して大きな売上を実現しています。

全国にコンビニエンスストアは5万店以上存在し、その大手3企業はいずれも1万店を超える規模です。ドラッグストアも全体で2万店以上、1,000店舗以上のチェーンが5社存在します。100円ショップは全国に8,000店以上、1,000店舗以上のチェーンは3社存在します。

店舗の多さからも想像できるように、さまざまな管理、特に商品在庫の管理という面でも非常に難しい問題が存在します。

棚卸についても企業としての決算時期はもともと決まっていますから、決算期末時期に全店舗の棚卸を行う必要があります（ただし、集中して行わないこともできます→第4章第2節を参照）。

4　休日の有無

棚卸は通常、商品が動かない、つまり営業していない時間や日に行われるこ

とを前提としています（例外として24時間営業が存在します）。ところが小売業の場合は、多くの店舗では休まずに営業しています。また、長時間営業の店舗も多く存在します。このような中で棚卸を行う日時を生み出さなくてはいけないのは、小売業にとっては悩みの1つといえるでしょう。

図表1-1　小売業の特徴（製造業・卸売業との比較）

小売業（チェーンストア）	製造業・卸売業
商品の品目数（種類）は多い	製品（商品）の品目数は小売業に比べるとはるかに少ない
1品目あたりの数量は少ない	1品目あたりの数量は多い
商品の陳列棚にバラ（消費者への販売単位）で置かれている	完成した製品（商品）は一定数量ごとに梱包されているものがほとんど
ほとんどが商品（一部原材料や加工前の製品があるが、わずか）	製造業は原材料や仕掛品が多く存在している
商品の入れ替わりが多い	製品（商品）の入れ替わりは比較的少ない
不特定多数の人が出入りし、商品に自由に触れることができる	限られた従業員や取引先など関係者しかおらず、一般の人々は入ることができない
大手企業は事業所(店舗)数が多く、1,000店舗以上ある企業も珍しくはない	大手企業でも事業所（工場や事務所）の数はそれほど多くはない
多くの店舗ではほとんど休日がなく、毎日休まず営業する（場合によっては24時間営業も）	一般的に休日がある

---

*　会員制ホールセール・クラブ（membership wholesale club）
　　会費を払い入会した者しか利用できない消費生活財主体のセルフ・サービス卸商（実際には多くの場合、消費者も利用できる）。倉庫型陳列で低価格、低粗利益率、低コストオペレーションを特徴とする。

1-4 数値権威と実地棚卸の重要性

> **Q** 棚卸の結果を見ると、期待していた数値とずいぶん異なります。でも周りの人はその結果を受け入れ、そのことについて触れようとしません。私は何かおかしいのではと思うのですが。

A 棚卸の結果がおかしいと感じた人が、そのことを言える雰囲気でないのは大問題ですね。そこには大きな落とし穴が待っている可能性が高いです。それを放置しておくといい加減な管理（管理されていない）が横行し、ついには不正がはびこるようになることさえあるのです。

解　説

1　帳尻合わせ

　実地棚卸の結果を見て「不明ロスが多い」、「粗利益率が安定しない」、「今の実地棚卸の精度に疑問」と感じたことはないでしょうか。これは大変重要な問題です。なぜなら棚卸を行った結果得られた数値が信用できないということだからです。

　そのような場合、残念ながら現場では「いい加減な棚卸で済ませてしまう」、「納品時の検品も業者任せ」、「伝票にない商品の出入りがある」、「正しい場所に伝票が保管されず、担当者のポケットや作業場の引き出しの中などにある」、「叱られるのが嫌で棚卸後に出てきた伝票を捨ててしまう」といったことが普通にある可能性が高いです。それを知っている従業員は、出てきた数字が正しいと思えるはずもありません。事実、正しくないのですから。これでは何のために棚卸をしているのかわかりません。まさに「帳尻合わせ」です。

2　不正への誘惑

　問題はそれだけにとどまりません。いい加減な数値をもとに、いい加減な業務が行われているのが当たり前の職場なら、従業員は不正への誘惑にかられることになります。さまざまな手口で自分の成績を良く見せようとする人間もい

るでしょう。

　また、適当にやっているのだから、１つくらいごまかしてもわからないだろうと思う人間も出てきます。商品を持ち出したり、そこで飲食してもわかるはずはないと考えるのも自然なことです。最初は小さなものや低価格のものを不正に持ち出したりくすねたりするものが、徐々に大胆に大量により高価なものへとエスカレートしていくこともあるでしょう。棚卸をしても、その結果が正しいと思っていないのですから、いくらでも言い訳や責任転嫁ができると思い込むのです。

　もちろん、不正をした従業員はその事実が明らかになれば厳しく処罰されなければなりません。しかし、このことはすべて不正を行った従業員のせいでしょうか。そうではないはずです。むしろ、このような"不正の温床"を放置してきたマネジメント側にこそ大きな責任があると思うのです。残念ながら筆者自身も含め、100％不正はしないと自信を持って言える人はそう多くないはずです。逆に、いつも何か盗んでやろうと思っている人も極めて少ないはずです。つまり多くの人は外部環境にその行動が影響されやすい"弱い存在"なのです。

　正確な実地棚卸、日々の業務手順やルールの厳守、厳正な点検や監査があれば、確実に不正行為を減らせるはずです。

3　数値権威の確立

　いずれにせよ経営トップから現場で働く１人ひとりまでが「棚卸結果、つまり数表に出てきた数値は事実を反映している」と信じられるようにしなければ正しい経営判断や業務遂行はできません。そのためには例外なく厳しく間違いのない数値を集め、集計することが絶対に必要なのです。

　「数値権威」という言葉は聞き慣れないでしょう。権威というと人を連想するからです。学者などはよく「○○の権威」などと称されます。しかし、重要なのは「誰が正しいか」ではなく「何が正しいか」です。つまり正しい数値こそが経営における「権威」でなくてはならないのです。そして数値権威を確立するための重要な要素の１つが、正しい実地棚卸を実行することなのです。

1-5 事業活動における棚卸資産の役割

Q 事業活動の中で棚卸資産はどのように生じ、どのような役割を果たしているのでしょうか？

A 事業活動とは、何らかのものを販売し、その対価を得ることです。人によるサービスやリース、レンタルを除けば、多くの場合、そこに販売する商品として棚卸資産が存在します。単純化すれば、販売するための商品を製造もしくは調達し（ここで棚卸資産が生まれる）、それを販売する（棚卸資産が現金化される）ことで事業が成り立っています。

解　説

1　棚卸資産が生まれ、そしてなくなるまで

　商品を調達（製造、加工、仕入）することは、すなわち手持ちの資金と商品を交換することです。そして、販売することは逆に商品と現金（もしくは債権）を交換することです。事業活動とは、それらを繰り返し継続的に行うことともいえます。製造や加工もその原材料、部品などを仕入れる必要があります。ここでは単純化して仕入と販売として説明します。

　棚卸資産である在庫が存在する期間は、発注した商品が入荷してから出荷するまでの期間です。小売業では直接消費者に販売するので出荷とはいいませんが、同じ意味です。ここに並行してもう1つのプロセスが動いています。そうです、支払です。**図表1-2**の右側のように、入荷してから販売するまでの期間が長いと、より仕入のための資金が必要になります。つまり棚卸資産が増えれば

図表1-2　入荷から販売までの期間

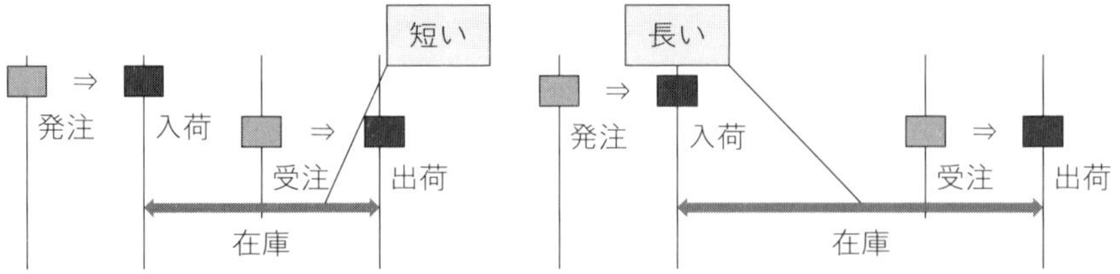

増えるほど資金が必要になり、いわゆる「資金繰り」が苦しくなります。資金繰りを改善するためには商品回転率を高めることが肝要です。もちろん、あわせて支払条件の改善といった対策も必要になるかもしれません。

2　棚卸資産に関係する人々

　棚卸資産に関係する部署や人が多いこともその特徴といえます。商品調達においては購買部門（仕入。小売業では商品部などと呼ばれることが多い）に加えて商品の運搬・保管を行う部署（物流センターなど）、そして商品を販売する部署も必要です。さらに、販売促進などの販売を支援する機能も必要になります。

　ここで注意しなくてはならない点は、複数部署が関わることでの重複などにより全社としてのコストが膨らんでしまうことです。また、部署ごとの部分最適化の問題もあります。販売機会ロスを防ぎ、売上を高めようと購買部門が大量に商品を仕入れて、過大な在庫を持ちます。すると商品在庫を保管する物流センターや、在庫を持ち、販売する店舗での作業を含む商品管理コストが増えてしまいます。それだけではなく、計画どおりに販売できずに、在庫が長期間滞留することにつながります。その結果、商品の陳腐化や品質劣化により商品価値を毀損させて、結果として収益に大きな悪影響を与えかねません。

　また、限られた売場スペースで売上を増やそうと、多くの種類を陳列しようとすると、1つの商品の陳列スペースが少なくなるといったことも起きます。

　例えば、20個陳列できるスペースに1SKUだけ陳列する場合と、4SKU、それぞれ5個陳列する場合を考えてみてください。それらの商品は1ケースに12個入っています。ですから1SKUの場合は、残りの在庫が8個以下であれば発注と補充作業は1回で済みます。ところが4SKUの場合は、1ケース単位では補充できません。したがって1〜2個単位での発注と補充を繰り返すことになります。前者が1回で行った作業を後者では2個単位で発注・補充を6回繰り返さなくてはなりません。作業量は6倍と大変非効率になってしまいます。

　このようなことが起きないように、全体を見据えた在庫の持ち方、業務プロセスや役割分担が必要になるのです。

業務棚卸

　「棚卸」という言葉は、「見直す」「再点検」といった意味で使われることがあります。作業を見直すという意味では「業務棚卸」もその1つです。業務プロセスの非効率な部分や無駄な部分を「見える化」しようとするものです。ではどのような方法があるのでしょうか。

　従業員アンケートで問題点を抽出する、会議やミーティングで改善すべき点を議論するという方法もあるでしょう。これはあくまでも人が感じる、考えることで解決策を見出そうというものです。つまり主観的にならざるを得ないのです。

　それではより客観的に業務プロセスを見る方法はないのでしょうか。つまり事実としてそれを測定することができないかということです。ここにタイムスタディという手法があります。

　タイムスタディには動作レベルから包括的な業務レベルまで幅広い調査対象が含まれます。ここでは「業務」についてその例を紹介しましょう。

　よく「ムダ・ムリ・ムラ」をなくすことで効率を高めようといわれます。つまりどこに「ムダ・ムリ・ムラ」があるのかを探さなくてはいけないわけです。IE手法（Industrial Engineering）はその手法の1つです。その場合は、まず作業を「価値作業」「付随作業」「ムダ」の3種類に分けて考える必要があります。「価値作業」は利益に直結するので増やしたいですし、「付随作業」は必要最小限にしたいです。また「ムダ」はなくしたいですね。

　この3種類が全体の業務の中でどのくらいの割合（時間）を占めているのかを調査することを稼働調査（分析）といいます。

　その中でも比較的「業務棚卸」に使いやすいのがワーク・サンプリング法です。方法はいたって簡単です。作業内容の観測時刻をランダム（無作為）に設定し、その時刻にどのような作業を行っているのかを観測し記録します。そしてそれぞれの作業が全体のどのくらいの割合なのかを知るのです。

　ポイントは作業項目の設定です。行動のすべてを記録するので漏れてはいけませんし、誰が見ても同じ判断ができるよう明確に基準を決めておかなくてはなりません。調べてみると売場とバックルームを往復している移動時間が多いことがわかったりします。その場合、改善すべきは移動時間をどうしたら少なくできるかとなります（もちろんこのような結果が出てくるかはわかりません）。

第2章

財務上の
利益確定と棚卸

2-1 財務上必要な棚卸

Q 期末に限らず実地棚卸は各事業所（店舗、工場、倉庫）で行わなくてはならないのはなぜでしょうか？

A 棚卸には実地棚卸と帳簿棚卸があります。しかし実際の在庫を確定する実地棚卸をしないと、業績の要である実際の利益を確定することはできません。

解　説

1　製造・仕入と販売

多くの企業活動ではまず製品（商品）を製造もしくは仕入れることを行います。そしてそれらを販売します。販売先は法人でも個人でもいずれにせよ商品を売ることで事業は成り立ち、その差益が利益の元（**売上総利益、売買差益、粗利益高**などさまざまな呼び方があります）となるわけです。ですからより多くの商品を販売すること、そして商品の製造原価や仕入原価を引き下げるか販売価格を上げることで売上総利益を増やすことができます。

売上総利益を増やすためには
売上総利益（↑）＝ 売上高（↑）－ 仕入高（↓）
商品ごとの売買差益（↑）＝ 販売価格（↑）－ 仕入原価（↓）

2　営業上の利益とは

売上総利益が丸々「儲け」になるわけではありません。事業をする上では、工場、倉庫、店舗やそれらを運営していくためのさまざまな設備が必要となります。自社物件であれば土地を購入してその上に建物を建築し、必要な設備を購入するのは当然のことです。もちろん、賃借するのであれば賃料を支払うことも必要です。さらにそこで働く人に支払う給与・賃金や社会保険料などがないと事業を継続することはできません。その他に広告宣伝費、従業員を教育研

修する経費などもかかるわけで、これらの経費（販売管理費）を差し引いたものが利益になります。これを一般的には**営業利益**といいます。

営業利益 ＝ 売上総利益 － 販売管理費

売上総利益 ＝ 売上高 － 仕入高

販売管理費 ＝ 人件費 ＋ 不動産費 ＋ 販売促進費 ＋ その他経費

　販売管理費の中でも人件費は大きな割合を占め、経営上大変重要なものです。売上総利益に占める人件費の割合を労働分配率といい、重要な経営指標の1つです。企業活動とはいうまでもなく人の活動であり、そこで働く人が意欲的に効果的・効率的に働ける職場でなくてはなりません。その物差しとして使われるものの1つが労働生産性です。

　労働生産性はある一定期間における従業員1人もしくは労働1時間あたりの付加価値額をいいます。一般に小売業などの商業では、付加価値額は売上総利益高と同じとされています。

労働分配率 ＝ 総人件費 / 売上総利益高 × 100（%）

労働生産性 ＝ 付加価値額（売上総利益高）/ 従業員数（人）

労働生産性（人時生産性）＝ 付加価値額（売上総利益高）/ 総労働時間

3　在庫は経費？

　それでは、在庫は経費ではないのでしょうか。在庫は経費ではありません。よく「**商品はお金と同じだ**」といわれますが、商品を販売すればお金になります。つまり商品とお金は同じ価値があるということです。しかしそのようにわざわざいわれるくらいですから、このように理解していない人もいるのでしょう。

　しかし、経費は直接的に販売することができませんし、当然お金に換えることもできません。もちろん、自社が所有している物件や設備を販売することはできるでしょう。そうなると場合によっては事業を継続できなくなってしまいます。例えると「**にわとりを食べてしまうと卵を得ることができない**」、つまりにわとりが設備、にわとりの餌が経費で、それを効率的に利用することで卵と

いう利益を継続的に得られるわけです。**企業経営において重要な目的の1つは、利益を継続的に出して事業を続けることです。**

4　帳簿在庫は決算に使えない？*

　帳簿在庫はなぜ決算に使うことができないのでしょうか。帳簿在庫は理論在庫ともいいます。あるべき在庫です。あるべき在庫は財務上では金額で示されますが、より簡単でわかりやすくするために数量で説明しましょう。

　期首在庫に期中の仕入を加えて、その商品の販売数量を差し引くと、帳簿在庫、つまり理論的にはあるはずの在庫が求められます。しかし、実際に数えてみると**図表2-1**のように「あるはずの」在庫がないことがあります。

　では、なくなってしまったものはどこへ行ってしまったのでしょうか。この時点ではわかりません。しかし、このようなことは必ず発生します。原因はわかりませんが、どこかで商品がなくなってしまったわけです。これをロス（損失）もしくは原因が不明なので不明ロスと呼びます。

　また、途中で商品を破損してしまった、もしくは食品や薬品など消費期限や使用期限を過ぎてしまった場合も商品は廃棄しなくてはならないといったことも起こります。しかし、それは発生時点で把握することができますから、その時点で帳簿在庫を**図表2-2**のように修正することが可能です。

　前述のとおり、売上総利益は売上高から仕入高を差し引いて求めるのですが、

図表2-1　不明ロスの例

あるべき帳簿（理論）在庫数 ＝ 期首在庫数 ＋ 期中入荷数 － 期中売上数

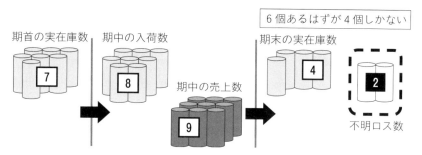

不明ロス数 ＝ あるべき帳簿（理論）在庫数 － 期末実在庫数

図表2-2　廃棄を含む不明ロスの例

不明ロス数 ＝ あるべき帳簿（理論）在庫数 － 期末実在庫数

その期のスタート時点（期首）には在庫があります。つまり仕入高に期首在庫を加えないといけません。また、期の終わり（期末）には在庫が残っているので、その分を仕入高と期首在庫の合計から差し引かなくてはなりません。これを数式にすると次のようになります。

売上総利益 ＝ 売上高 － 仕入高 ＋ **（期首在庫 － 期末在庫）**

　つまり、実際の期首在庫と期末在庫を確定させないと正確な利益も求めることができません。そのためには必ず実地棚卸を行う必要があるのです。

　＊　帳簿在庫も一定の条件を満たせば、決算に使用することは可能です。国税庁の法令解釈通達の棚卸の手続には以下のように書かれています。「棚卸資産については各連結事業年度終了の時において実地棚卸しをしなければならないのであるが、連結法人が、その業種、業態及び棚卸資産の性質等に応じ、その実地棚卸しに代えて部分計画棚卸しその他合理的な方法により当該連結事業年度終了の時における棚卸資産の在高等を算定することとしている場合には、継続適用を条件としてこれを認める」。つまり事業年度、決算時期には、必ず何らかの方法で在庫を確定しなくてはならないわけです。

5　納税義務と実地棚卸の回数
　企業は利益を確定した上で納税義務を果たす必要があります。したがって法令上は年1回の棚卸を行って利益を確定すればよいのです。
　しかし、在庫回転率の高い企業の場合は、年に複数回行うことも珍しくありません。むしろ半期もしくは四半期単位で実地棚卸を行い、都度利益を確定し

ています。その理由は、株式を上場している企業は、株主（投資家）に対して経営状況をできるだけ早く正確に開示しなくてはならないからです。

また、年に1度の決算での利益確定では、その期の収益計画と実績との乖離を正確に知ることができるのは決算後ということになってしまいます。それから対策を立て実行するのが遅すぎて回復には時間がかかるかもしれません。しかし、より正確な利益の状況をいち早く知ることができれば、業績改善のための施策を早い段階で検討し、それを実行することも可能になります（棚卸の回数については第4章第2節で詳しく解説します）。

6　商品在庫は資産

今までの説明でおわかりのとおり、**商品在庫は資産**です。それは貸借対照表に示されています。貸借対照表は企業の資産と負債を示した表です。ここでは特に在庫についての資産の部分に焦点を絞って説明します。

貸借対照表は損益計算書、キャッシュ・フロー計算書と同様に重要な決算書です。貸借対照表は、決算日における財務情報が示されています。

図表2-3には示されていませんが、この右側の部分には負債の部があり、その合計は資産の部の合計と同じ金額になります。

資産の部は、現金化、つまりどれもお金に換えることのできるものです。資産には大きく分けて流動資産と固定資産がありますが、流動資産は企業活動の

図表2-3　貸借対照表（抜粋）

資　産　の　部	
科　目	金　額
【流動資産】	
現　金　及　び　預　金	840,508,859
売　　　掛　　　金	23,023,456
商　　　　　　　品	126,985,909
前　払　費　用	74,808,900
【固定資産】	
有　形　固　定　資　産	1,208,730,091
車　両　運　搬　具	249,709

棚卸資産

中で1年以内に現金化もしくは費用化できるものです。固定資産は企業活動の中で1年以上かかって現金化もしくは費用化できるものとされています。土地・建物や設備などはこれに含まれます。

　ここで注目していただきたいのは**流動資産の科目にある「商品」**です。「商品」にはそのまま販売することのできる商品だけではなく原材料、製造途中のものなどを含んでおり棚卸資産と呼びます。棚卸資産の**金額（在庫の数量とその価値）がわからないと正しい決算ができません**。商品の棚卸は財務上の決算を行う上で不可欠なものなのです。

7　利益と在庫の関係

　決算を行う上で当然どのくらいの利益を生んでいるかを示せなくてはなりません。それを示すものを**損益計算書**といいます。貸借対照表が決算日における数値を示すのに対して**損益計算書**では、その期間（1年、半年ごと、四半期ごとなど）の企業の活動を示すものです。つまり**損益計算書**でその期間にいくらの利益（損失）が出たのかがわかります。**図表2-4**が損益計算書の一部です。

　「売上高」から「売上原価」を差し引くと「売上総利益」が求められます。「売上総利益」から「販売費及び一般管理費」を差し引くと「営業利益」が求められます。ここでは**営業利益を1つのゴール**として議論します。

図表2-4　損益計算書（抜粋）

項　　　目		金　　額
売上高	実地棚卸で確定	128,706,000
売上原価		75,000,000
売上総利益		53,706,000
販売費及び一般管理費		42,800,574
営業利益		10,905,426
営業外収益		
受取利息	250,900	
受取配当金	1,200,000	
雑収入	65,000	
営業外収益合計		1,515,900
経常利益		12,421,326

2-2 売上総利益を求める

> **Q** 売上総利益は販売額と仕入額の差だとすると、在庫や実地棚卸とどういう関係があるのでしょうか？

> **A** 商品在庫は販売されて初めて売上となり、利益を生みます。ただし、商品在庫はある意味、売上で得られる現金と同じ価値があります。したがって、在庫を考慮しないと売上総利益を確定することはできません。

解 説

1 在庫がわからないと売上総利益もわからない

　売上総利益を求めるには、実際に販売された商品の売価合計、つまり売上高とその原価がわかればよいのです。売上高は、日々計上されて確定されるので、求めることはさほど難しいことではありません。一定期間（ここでは期首の実地棚卸から期末の実地棚卸までの期間）の仕入額もその間の納品データがあれば比較的簡単に求められるはずです。この2つの値から売上総利益は算出できるはずです。さて、この期間に販売できる最大の金額は期首の在庫高売価合計と期中の仕入高売価合計です。しかし、それらの商品がすべて期末までに売れることはほとんどなく、必ず在庫が残っているはずです。したがって実際に販売された商品は、期中に販売できる最大値よりも期末に残っている在庫の分だけ少ないということになります。

> 売上総利益 = 売上高（売価合計）－ 販売された商品の原価合計
> 販売された商品の原価合計 = 期首在庫原価 + 期中仕入額 － 期末在庫原価

　つまり、販売された商品の仕入原価を求めるには、期中の仕入額に期首在庫の原価を加えて、そこから期末在庫の原価額を差し引かなくてはなりません。

2　棚卸が売上総利益に与える影響

　このように期首と期末の在庫がわからない限りは売上総利益を算出できませんから、棚卸によってそれらの在庫金額を調べて確定させなければなりません。もし期首の棚卸が正しくなく、在庫金額が実際の金額よりも少なく計上されたらどうなるでしょうか。また、同様に実際の金額よりも多く計上された場合はどうでしょうか。期首の棚卸が正確だとしても、期末の棚卸でもそのような誤りが発生する余地があります。

　左のページの 2 つの式から、売上総利益は以下のような式で求められます。

> 売上総利益 ＝
> 　売上高（売価合計）－（期首在庫原価 ＋ 期中仕入額 － 期末在庫原価）

　上の式にある売上高（売価合計）と期中仕入額、期末在庫原価は変わらないとすると、もし期首の棚卸に誤りがあり実際よりも少なく計上してしまうと、売上総利益は実際より増えてしまい、もし期末の棚卸に誤りがあり実際よりも少なく計上してしまうと、売上総利益は実際よりも少なくなってしまいます。

　実際よりも売上総利益が増えると経費が同じなら営業利益も増えます。しかし、見かけ上の数値なので後からしわ寄せがくるでしょうし、見かけの利益が増えることで法人税も増えるでしょう。

　その逆はどうでしょうか。当然実際の利益よりも見かけ上の利益は低くなります。思ったより利益がでていないと判断すればそれをカバーする利益をあげるため経営者はなんらかの追加対策を講じます。その対策は誤った数値を根拠にしているわけですから、対策自体も正しい経営判断といえないかもしれません。

2-3 売価還元原価法とは

> **Q** 当社は棚卸資産の評価方法として売価還元原価法を採用しています。売価還元原価法とはどのようなものでしょうか?

A 売価還元原価法（売価還元法）は、読んで字のごとく売価を原価に置き換える評価方法です。具体的には、実地棚卸を売価で集計するものです。

解 説

1 売価還元法の採用理由

日本の多くの小売業では売価還元法による評価方法が採用されています。本来個別の商品の原価と売価で実地棚卸を行うべきでしょう。それが最も正確な棚卸つまり在庫評価であるはずです。

すでにアメリカでは20世紀初頭には複数店（チェーンストア）を展開していた企業も多く、1859年創業のA&Pは1930年代には1万6,000店舗、年商10億ドルを超える当時世界最大の小売業でした。また、店舗で取り扱う商品の種類も多く、実地棚卸はとても大変だったと想像できます。

当時は商品の売価ではなく仕入価格（原価）で集計することが義務付けられていました。電卓もない時代です。日本にはそろばんというすぐれた計算機がありましたが、アメリカでは当時機械式計算機（加算機）が用いられることがあったと聞きます。商品の数量を数える前にそれぞれの仕入原価を調べて付箋などに記入します。そのような事前準備には膨大な時間が必要でした。そこで品目ごとに原価もしくは時価を調べることをせずに、より簡便に売価を集計するという方法が考えられました。古い記録を見ると、1872年頃ニューヨークのメイシーズという百貨店で、比率法と呼ばれた棚卸方法を採用したという記録が残っています。個別の原価を調べる方法ではなく別の方法、すなわち売価還元原価法を認めよと言い出したのが、アメリカの大手小売業です。その後アメリカ百貨店連盟は、1919年に国税庁に対する嘆願書の中で「各品目ごとに原価または時価で評価することは多大な事務上の費用を要し、かかる増加費用が申告

所得から差し引かれ、課税所得の減少をもたらすとして売価を用いる棚卸法を公認すべき」と訴えています。商品の数量と売価合計を集計するだけでも大変な作業なのに、いちいち品目ごとの原価を調べていたのではその人件費で利益も減って納める税金も減ってしまいますよ、というわけです。

　本来、商品1つひとつには仕入価格、つまり原価があるはずです。実地棚卸の際にすべての商品の原価を調べることは先にも述べたとおり、大変手間がかかることです（100年以上前のコンピューターも電卓もなかった時代のことを想像してみてください）。これらの商品の原価は、たぶん納品伝票をめくって調べるのでしょうか。その手間、かかるコストをなんとか減らしたい。そのための簡便な方法はないだろうかと生まれたのが売価還元法なのです。つまり売価だけの集計なら商品の陳列場所に表示されているか商品そのものに付けられた値札や貼られたラベル・シールなどに表示されている売価を用いればよいわけで、いちいち個々の商品の原価を調べることをしなくて済むのです。

　日本では1978年に JAN コードが策定され、1980年代から急速に小売業に POS レジが普及し始めました。それまでは、アメリカなどと同様に商品に値段を表示したラベル・シールを貼り付けて、商品をレジに持っていくとレジ係が1つひとつ売価を入力する（あわせて部門＝商品分類番号）といったものでした。

　現在は POS レジを使用するので、商品（SKU）ごとの売価が事前に登録されており、そのデータベースをもとにバーコードでスキャンすると、人間の手で売価を入力しなくともレジでの精算ができるようになっています。

　日本の大手小売業の多くは、POS レジが一般化する前から事業を展開していたため、アメリカの小売業に倣って売価還元法を採用したということになります。ちなみに日本よりも後に小売業の近代化が実現した国、例えば中国などでは売価還元法を用いることは少ないようです。

2　売価還元法のしくみ

　売価を原価に置き換えるしくみとは、実際にどのようなものでしょうか。売上総利益は販売された商品の原価合計がわかればいいのですから、売価還元法であっても販売された商品の原価合計、すなわち、期中仕入額と期首と期末の原価がわかればよいのです。

これは前節で示した売上総利益を求める式です。

売上総利益 ＝ 売上高（売価合計）− 販売された商品の原価合計
販売された商品の原価合計 ＝ 期首在庫原価 ＋ 期中仕入額 − **期末在庫原価**

　問題を複雑にしないように、期首の在庫原価がわかっているという前提で説明します。上の式の中でわからないのは、期末在庫の原価合計です。

　まず、売上総利益率と原価率の関係を確認しましょう。売上から原価を差し引くと売上総利益となります。ですから、売上総利益率と原価率の合計は 1、つまり100％という関係です。

　さて期末在庫の合計は、当然ながら販売を予定しているものです。実際に期中で販売されたもので得られる売上総利益(率)と期末在庫商品も同等の売上総利益(率)が得られると仮定するのです。すると 2 つの式で売上総利益率は求めることができます。

$$原価率 = \frac{売上高（原価）}{売上高（売価）} \fallingdotseq \frac{期首在庫高（原価）＋ 期中仕入高（原価）}{売上高（売価）＋ 期末在庫高（売価）}$$

売上総利益率 ＝ 100％ − 原価率

　もし、期首の在庫も期末の在庫もゼロであれば、売上総利益率は、純粋に売上高売価と売上高原価から求められます。

　次に求めた売上総利益率に期中の売上高を乗じることで売上総利益高を計算します。さて、それでは期首在庫高の原価はどのように求めるのでしょうか。同様に売価還元法を用いるのでしょうか。実はどの事業（新しく開店する店舗）でも最初は在庫がありません。つまりそこから商品を仕入れて販売をするわけで、期首在庫ゼロからスタートするのです。すると上の式から売上総利益率が求められ、同様に売上総利益高が求められます。

　より理解を深めるために、計算式と数値の例を示します。売上総利益は粗利益ともいいますので、ここでは粗利益率、粗利益高としています。また、原価率は、売上高を100％として粗利益率を差し引いたものです。

　図表2-5でまず与えられているのは、①期首在庫額（原価）、②期中仕入額（原

図表2-5　粗利益高の計算例

	項目	数値(例)	計　算　式	説　　　明
①	期首在庫額(原価)	100	所与の値	売価で集計した期首在庫額に、前期原価率（100%−粗利益率）を乗じたもの
②	期中仕入額(原価)	400	所与の値	返品は差し引き、店舗間振替は加減する
③	期中売上高(売価)	600	所与の値	期中のレジ登録売上高
④	期末在庫額(売価)	200	所与の値	期末実地棚卸結果
⑤	期中売上高(原価)	375	⑤＝③−⑦ ⑤＝③×(100%−⑧)	期中売上高（売価）から粗利益高を減じたもの、期中売上高（売価）に（100%−粗利益率）を乗じたもの
⑥	原価率	62.5%	⑥＝(①＋②)/(③＋④)	期首在庫額（原価）と期中仕入額（原価）加えたものを期中売上高（売価）と期末在庫額（売価）を加えたもので除したもの
⑦	粗利益高	225	⑦＝③×⑧	期中売上高（売価）に粗利益率を乗じたもの
⑧	粗利益率	37.5%	⑧＝100%−⑥	100%から期中仕入原価率を減じたもの

価）、③期中売上高（売価）、④期末棚卸額（売価）の４つです。この４つがあれば、この表にあるすべての項目の数値を計算することができます。

　まず、この４つの値で⑥原価率を求めることができます。原価率と粗利益率の総和は100%になりますから、⑧粗利益率も求められます。③期中売上高（売価）に⑧粗利益率を掛けることで⑦粗利益高、つまり売上総利益が計算できます。⑤期中売上高（原価）は、③期中売上高（売価）に⑥原価率を乗じることで求められますが、③期中売上高（売価）から⑦粗利益高を差し引くことでも求められます。

3　売価還元法の問題

　売価還元法は、在庫の仕入原価が同じでも売価評価によって売上総利益高や率が変動します。したがって、これを恣意的に悪用して利益操作をすることが可能なのです。期末の実地棚卸を売価で集計するため、取引先の協力を得て、値入率（販売予定価格で得られる売買差益率）の高い商品を一時的に大量に仕入れ

ることで粗利益率を高くすることができます。そして、棚卸が終わった後に返品すればよいわけです（実際に商品を納品することでなく、納品書もしくはデータのやりとりだけでも可能です）。もちろん、期末在庫の売価を値上げすることでも調整が可能です。以下にその例を示します。

　期首在庫（原価）100万円/期中仕入（原価）500万円/期中売上700万円/期末在庫（売価）120万円とすると粗利益率は以下のとおり求められます。

　　粗利益率 ＝ 1 － （100 ＋ 500）/ （700 ＋ 120） ＝ 0.268 （26.8%）

　これを粗利益率28%にしたい場合は、高値入率商品を棚卸直前に仕入れる方法なら、原価計40万円、売価計69万円を仕入れることで実現できます。

　　粗利益率 ＝ 1 － （100 ＋ 540）/ （700 ＋ 189） ＝ 0.280 （28.0%）

　商品を値上げして期末在庫額を多く見せる場合は、期末在庫の売価120万円を11%、13.2万円値上げすることで同様に粗利益率を28%にできます。

　　粗利益率 ＝ 1 － （100 ＋ 500）/ ｛700 ＋ （120 ＋ <u>13.2</u>）｝ ＝ 0.280 （28.0%）

　商品の数量を実際より多く見せるか実際にない商品をあるように見せることで在庫を不正に多く計上することができます。しかし単独で実地棚卸を行うならまだしも複数の人間で棚卸を行うとなれば発覚してしまう可能性は高いです。

　ですから、棚卸作業やその確認作業は必ず複数の人間が関与するようにしなくてはなりません。このような対策をとればそう簡単には在庫の不正計上はできません。

　しかし売価還元法では、実際の棚卸に関わらなくとも数字を改ざんすることが可能なのです。これを発見するためには棚卸前後での商品の仕入や返品、売価変更について異常値のチェックが必要となるでしょう。

Column 2　図書館の棚卸

　図書館には膨大な書籍類が保管されています。もちろん販売用ではありません。しかし資産として管理すべき重要なものです。図書館にある書籍には通常背表紙に分類などを示す番号や、それとは別にバーコードが裏表紙に貼られています。バーコードは 1 冊ごとに異なる番号となっており、識別が可能です。

　中には無断で本を持ち出す利用者もいるため、小売店舗と同様に防犯ゲートを設置している図書館もあります。その前提条件は店舗と同様に蔵書（店舗では商品）1 冊 1 冊にタグをつける必要があります。

　図書館では定期的に新たに出版された書籍を購入して、その都度、タグやバーコードを貼り付け、登録する作業が必要です。また、分類や書架の位置情報も登録しますから、これにより探している本を検索することができます。また、自動的に貸出や返却ができるシステムを導入している図書館も多くあります。

　上述のように無断で持ち出されてしまったり、返却されなかったりして紛失する本も少なくありません。そのために定期的に実地棚卸を行う必要があります。図書館の場合は「蔵書点検」と呼ばれています。

　ちなみに図書館にはどのくらいの本があるのでしょうか。調べてみると東京大学はほぼ1,000万冊、国立国会図書館には4,000万冊以上、アメリカ議会図書館には各種資料を含むと 1 億点を超えるとなっています。ちょっと気が遠くなってしまいますね。

　図書館での書籍の保管方法には開架式と閉架式があります。開架式は実際に本を見ながら探すことのできるもので公共図書館はほぼこのような方式を採用しています。また、来館者が図書を読むスペースをとっている場合が多いです。

　閉架式は主に大学や研究機関などで採用されており、研究書類（論文など）や統計資料などで必要に応じて閲覧できるものです。利用するためには利用申請や身分を証明するものなどが必要な場合がほとんどで、厳重に管理されています。このような図書館も一般に開放されている開架式も併用していることが多いようです。

　棚卸は、開架式ならバーコードか RFID を使用してできそうですが、膨大な数の資料や書籍が保管されている閉架式ではどのように行うのでしょうか。

2-4 棚卸資産の評価方法の種類

> **Q** 売価還元法以外に棚卸資産の評価方法にはどのようなものがあるのか、また、どれを採用するのがよいのでしょうか?

A 棚卸資産の評価方法のうち原価法は売価還元法の他に先入先出法、個別法、平均原価法があります。どれを採用すべきかの判断基準の1つは、その評価方法が経営実態を正しく表しているか、そしてもう1つが、実地棚卸の手間や費用に見合ったものかどうかです。

解　説

1　個　別　法

　取得原価の異なる棚卸資産を区別して記録し、その個々の原価によって期末棚卸資産の価額を算定する方法です。個別法は商品の種類や数量が多い場合にはその管理作業の手間が非常に大きくなるため不向きです。個別性が強い、例えば**図表2-6**の例にあるように絵画や宝石など単価が高く、同じものがほとんどなく、在庫量も少ないものであれば、棚卸資産の評価に適した方法といえます。

図表2-6　個別法の例

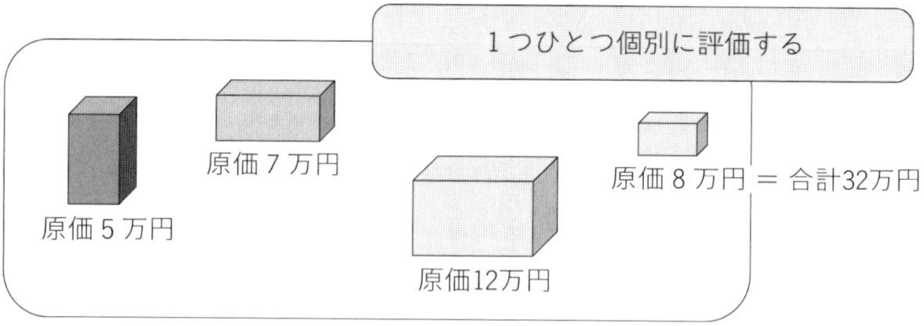

2　先入先出法(FIFO)

　最も古く取得されたものから順次販売され、期末棚卸資産は最も新しく取得されたものからなるとみなして期末棚卸資産の価額を算定する方法です。ある

図表2-7　先入先出法と後入先出法の例

（先入先出法 FIFO）

月日	仕入数量	仕入原価	棚卸資産評価に使われるもの		
12月31日	期首棚卸		（期末棚卸日から近い順に）		
1月1日	100	90			
:	:	:			
9月1日	100	100	数量	原価	原価計
10月1日	200	110	70	110	7,700
12月1日	150	120	150	120	18,000
2月31日	期末棚卸結果		220	116.8	25,700

（後入先出法 LIFO）

月日	仕入数量	仕入原価	棚卸資産評価に使われるもの		
12月31日	期首棚卸		数量	原価	原価計
1月1日	100	90	100	90	9,000
2月1日	150	100	120	100	12,000
3月1日	120	110	（期首棚卸日から近い順に）		
:	:	:			
12月1日	150	120	数量	原価	原価計
12月31日	期末棚卸結果		220	95.5	21,000

商品の仕入原価が途中で値上げされた場合は、新しく取得された、つまり値上げされた原価で在庫を評価します。

　それとは逆の後入先出法（LIFO）もあります。先入先出法とは反対に、期首の最初に取得された商品の原価で在庫を評価する方法です。一般に商品価格は徐々に上昇しますから、後入先出法と先入先出法を比較すると期末の在庫評価額が小さくなりがちです。その結果売上総利益高も小さくなり、営業利益も減ることになります。ただし、後入先出法は日本の棚卸資産会計基準では認められていません。**図表2-7**の例では、先入先出法では期末の在庫220個の内訳は最も新しく入荷した150個とその直前に入荷した70個となり、一方で後入先出法は、期首在庫の100個とその次に入荷した120個が期末在庫として取り扱われます。そのために期末在庫の評価額は20％あまり差が出ます。

3　平均原価法

　取得した棚卸資産の平均原価を算出し、この平均原価によって期末棚卸資産の原価を求めるものです。平均原価を求めるには期中の総平均をとった総平均法と移動平均法があります。

(1)　総平均法

　総平均法は期中に仕入れた商品ごとの仕入原価の総額を仕入れた数量で割ることで簡単に求めることができます。また、商品原価の変動があった場合には、棚卸資産への影響は少ないと考えられます。一方で後述する移動平均法に比べ

るとある時点での平均原価を正確に算定できず、期末棚卸が終わらないと正確な数値がわかりません。

(2) 移動平均法

移動平均法は少し複雑です。簡単にいえば、仕入と販売が発生したごとに商品在庫の原価の平均を求めるというものです。これだけではわかりにくいので、実際の例（図表2-8）で説明してみましょう。まず前期末、つまり今期首の在庫100個の原単価は200円です。当然在庫額は20,000円になります。そのうち50個を販売します。次に100個を原価250円で仕入れます。この時点で残っていた在庫50個の原価は200円で、新たに原価250円で仕入れた100個を加えて150個となり、在庫原価合計額は35,000円となります。在庫商品150個の原単価の平均を計算すると233円になります。そして次に販売された120個を差し引くと、在庫は30個になります。また新たに原単価300円で100個を仕入れます。すると残っていた原単価233円の30個と新たに原単価300円で仕入れた100個を加えると130個で在庫額は37,000円となります。130個の平均原単価は285円となります。つまり期末の在庫の原価は285円で評価されることになります。

総平均法では、同様の条件では期首在庫100個と期中に仕入れた200個の合計300個の原価合計は75,000円ですから平均原単価は250円となります。このように仕入原価が異なると、評価方法の違いでこのような差が生まれるというわけ

図表2-8　移動平均法の計算例

仕入数	仕入原価	仕入額	販売数	販売品原価	在庫額	在庫数量	在庫原価	販売価格	売上高
100	200	20,000			20,000	100	200		
			50	200	10,000	50	200	300	15,000
100	250	25,000			35,000	150	233		
			120	233	7,000	30	233	350	42,000
100	300	30,000			37,000	130	285		
			80	285	14,231	50	285	400	32,000
300		75,000	250						89,000

です。一方、先入先出法では、新しいものが残っているという前提ですから在庫50個の原単価は最も後に入荷した50個（100個で入荷した分の一部）の原単価は300円になります。また次に説明する最終仕入原価法でも原単価は300円になります。

4　最終仕入原価法

　最終仕入原価法とは、期末に最も近い日に仕入れた商品等の価格を、期末棚卸資産の価格として計算する方法です。総平均法と同様に計算がしやすいというメリットがありますが、期末にならないと計算できないというデメリットがあります。

5　売価還元（原価）法

　値入率等の類似性がある管理単位（部門、大分類）ごとに期末の売価合計額に、原価率を乗じて求めます。売価還元法は、取扱品種の極めて多い小売業等の業種における棚卸資産の評価に採用されることが多いことはすでに述べました。

　売価還元法は、個々の在庫の原価がわからなくとも（つまり調べなくても）期末在庫額を求めることができますが、ここで説明した他の棚卸資産の評価方法では、個々の商品原価がわかっていることが前提となります。また、先入先出法では、商品がいつ入荷したかの情報が必要ですし、移動平均法は、それに加えていつ商品が販売されたかの情報も必要です。

　このように棚卸資産の評価方法はその仕組みが異なることで結果として得られる棚卸資産の評価額も変わってきます。ですから棚卸資産の評価方法を変えることは簡単にはできず、基本的に継続的に同じ評価方法が用いられると考えてください。

2-5 棚卸資産の評価方法による違いの実例

> **Q** 評価方法の種類は理解しました。では実際には個々の評価方法で結果がどのように異なってくるのでしょうか？

> **A** 当然、評価方法で数値が変わってくることは間違いありません。解説でその算出例を説明しますが、いずれにせよ求められるのは継続性です。特別な事情で評価方法を変える場合はないわけではありませんが、採用した棚卸資産の評価方法を変えないことが原則です。

解 説

1 評価方法による違いの意味

評価方法の結果に差が出る要因は、在庫や仕入の原価、販売価格が変わるからです。単純に原単価と販売価格が永遠に変わらなければ、どの方法をとっても結果は変わりません。もちろん複数の商品を扱っていれば、その販売構成比の違いによって全体の結果に差は出ますが、個々の商品において評価方法の差は出てきません。

一般に商品は高くなる（インフレーション）ことが多いです。つまり期首の在庫の原単価よりも期中で仕入れる商品の原単価が高くなるということです。また、売価もさまざまな要因で変化します。原価の上昇に対応するために売価を上げること、顧客に対して特別な条件（値引き、値下げ）で販売することで売上増につなげるといった施策は普通に行われていることです。

2 評価方法による違いの実例

ここで実例の前提条件を、期首在庫10個で原価65円、期中に原価80円で8個仕入れる。販売は、当初の売価が100円で4個売れたところで110円に値上げし7個販売しました。そうすると期末在庫7個で在庫の販売価格110円でした。個別法では販売した9個のうち2個は原価65円、7個は原価80円とします。前提条件のうち、いずれも共通なのは期中売上高1,170円（数量11個）と、期首在庫

原価額650円（数量10個）、期中仕入原価額高640円（数量 8 個）です。また、期末在庫数量は 7 個です。

(1)　売価還元法

売価還元法では、原価率（粗利益率）は、前提条件で与えられている期中売上高、期首在庫原価額、期中仕入原価額と期末棚卸の売価合計によって算出可能です。「2-3 売価還元原価法とは」に示された式によって求められます。

$$原価率 = \frac{売上高（原価）}{売上高（売価）} \fallingdotseq \frac{期首在庫高（原価）＋期中仕入高（原価）}{売上高（売価）＋期末在庫高（売価）}$$

売上総利益率 ＝ 100％ － 原価率

この式に数値を当てはめていくと、分子は650＋640＝1,290、分母は1,170＋770＝1,940となり、原価率は66.5％となり、よって粗利益率は33.5％となります。したがって、期末在庫原価合計は512円となります。

(2)　個 別 法

個別法ではすべての商品に個々の原価と売価があります。販売記録も個別にわかることが前提です。期首在庫10個と期中仕入 8 個にはそれぞれ固有の商品番号が付与されなくてはなりません。18個のそれぞれの原価には 2 種類あり、販売した11個のうち 3 個が原価80円で、 8 個が65円でした。売上商品の原価合計は80×3 ＋65×8 ＝760円で、したがって売上総利益は売上高1,170－760＝410円で、残り（期末在庫） 2 個は原価65円で 5 個は原価80円となり、期末在庫の原価合計は530円となります。しかしこの例の場合、個々の商品を識別するためには大変手間がかかります。しかし RFID タグがすでに衣料品小売店で採用されている例もあり、今後個別法を採用する企業が増えてくるかもしれません。

(3)　先入先出法

期首在庫の10個で原価合計は650円です。新たに原価80円で仕入れ、その原価合計は1,290円となります。先入先出法なので古いほうから出荷しますから、販売実績11個のうち10個は期首在庫で原価65円の商品が優先的に販売され、次に残り 1 個を期中に入荷した原価80円のものが販売されたとするのです（もちろん実際にそのように販売されたかどうかは確かでありません）。販売された11個の原価合計は65×10＋80×1 ＝730円となり、売上高1,170円から差し引いて求められる売上総利益は440円となります。期末在庫はすべて原価80円の商品ですから

期末在庫原価合計は80×7＝560円となります。

(4) 移動平均法

計算の例は「2-4　棚卸資産の評価方法の種類」で紹介しています。入荷があるごとに販売後に残っている在庫原価との平均を出さなくてはなりません。

・10個（原価65円）の在庫から4個販売
・4個（原価80円）が入荷すると原価合計は65×6＋80×4＝710で在庫10個の平均原価は71円
・10個（原価71円）の在庫から3個販売
・4個（原価80円）が入荷すると原価合計は71×7＋80×4＝817で在庫11個の平均原価は74.3円
・11個（原価74.3円）の在庫から4個販売
・在庫額原価合計は74.3×7＝520円

図表2-9　移動平均法での計算例

販売			4			3			4
入荷			￥80	4		￥80	4		
在庫	￥65	10	6		10	7		11	7
原価	￥65		￥65		￥71	￥74.30			￥74.30

(5) 総平均法

期首在庫10個と期中仕入8個の原価合計は上記と変わらず1,290円です。したがって商品1個の平均原価は1,290÷18＝71.7円となります。期中の売上数量は11個で売上高は1,170円ですから、売上総利益高は、1,170－（71.7×11）＝381円となり、期末在庫高は7×71.7＝502円となります。

(6) 最終仕入原価法

読んで字のごとく最終仕入原価法では最後に仕入れた商品の原価で評価しますから、最も単純な方法で、期末在庫ここでは期末在庫の原価合計は7×80＝560円になります。ただし、すでに「2-4　棚卸資産の評価方法の種類」でも述べたように期末にならないと計算できないという欠点があります。

(7)　ま と め

　6つの評価法によって実際に数値を計算してみるとそれぞれに明らかな差があります。これでは、正しい利益を知るためにはどの評価法を用いればいいのだろうとかいう疑問がわいてくるのは当然です。**図表2-10**は、棚卸資産の評価方法ごとに上の実例の数値を一覧にまとめたものです。

図表2-10　棚卸資産評価方法の差

棚卸資産評価法	売上原価	原価率	売上総利益高	売上総利益高	在庫金額（原価）
売価還元法	778	66.5%	392	33.5%	512
個別法	761	65.0%	410	35.0%	530
先入先出法	730	62.4%	440	37.6%	560
移動平均法	743	63.5%	427	36.5%	520
総平均法	789	67.4%	381	32.6%	502

　この例では、もっとも売上総利益率が高いのは先入先出法で、総平均法と比較すると5％も違っています。どれが実態を正しく表しているかは、さまざまな条件によります。この実例の特徴は急速な原価の上昇です。65円から80円と20％も上昇しています。それに対応すべく売価を110円に値上げしましたが、期初から比べると当初は35％あった値入率（予定粗利益率）も27％程度と低下しています。もしこの変化が数年間で起きるとすれば、数値の変化もゆっくりとしたものになります。特定の期だけを見ると数値は異なりますが、時系列で見るとそれほど差は出てきません。ですから通常変化が大きくない場合は、どの棚卸資産の評価方法でも、継続的に同じ方法で評価をすれば、大きな差はなく、それぞれの企業の収益状況の実態を表しているといえるでしょう。ただし、急激な市場や事業構造の変化（取扱品目や販売方法、経営戦略の転換など）があれば、決算数値に反映しますが、その現われ方は棚卸資産の評価方法によって明らかに差が出てくる場合もあるのは確かです。

2-6 不正と粉飾

Q 棚卸つまり在庫を利用した不正・粉飾とはどのようなものですか？

A 粉飾、粉飾決算などといいますが、経営状態をもっと良く見せたいがために利益を不当に多く見せるものです。架空の売上を計上するか、架空の（あるはずのない）在庫をあるように見せかけることなどです。

解　説

1　粉飾決算の目的

　実際は決算で赤字になるところで利益が出ている、つまり黒字であると不正を働くことです。赤字になると経営者はその説明責任があり、場合によっては自らの地位を失うことになるかもしれません。

　逆に黒字決算なのに赤字となるような不正を行うケースもあります。これはおかしいわけではありません。利益に対して法人税が課税されるため税金逃れのために行うものです。法人税率は利益に対して30～40％程度です。これを少しでも減らそうと利益が出ていないように見せかけるわけです。

2　売上を利用した粉飾

　あるはずのない売上を計上することで利益を上積みすることです。もともと架空の売上ですから、その仕入もありません。当然利益は増えることになります。多くの小売業の場合は、BtoC（企業が一般消費者に販売する）ですから店舗での販売では複数の人間が関わることもあり、簡単にはできないのですが、一方でBtoB（企業同士の取引）では、商品の受渡しや支払も伝票（納品データ）や支払手続（請求書の発行や入金確認など）は一部の人間で行われます。また、その支払もその時点ではなく、請求書に基づき、納品後に行われることが多いのです。商品は納品したが、まだ入金されないものとなり、将来その代金が支払われるものとして「売掛金」になります。架空の売上を計上して、あたかも販売したかのように見せることで、当然売掛金が発生しますが、それはいつまでたっ

ても現金化されないのは明らかでしょう。長期間売掛金が債権として残り、雪だるま式に増えるといつかはその不正が発覚してしまいます。実効的に支配している子会社への架空の売上を計上するという手口もあります。

3　在庫を利用した粉飾

　売上と仕入価格の売買差益（売上総利益）が最終的な利益の源泉ですから、売上を粉飾すれば上記のように見かけの利益を高めることができますが、在庫を利用しても同様に見かけの利益を増やすことができます。売掛金が現金化前の資産であるのと同様に商品在庫も現金化する前の資産です。ですから売掛金を不当に水増しする（＝架空売上を計上する）ことと同様に商品在庫を水増しすることで見かけの利益を増やすことができます。

　在庫の水増しには2種類あります。1つは実際にある商品の数量を多く計上する、もしくはないものを計上することです。つまりないものをあると偽るのです。数量で不正をする以外にも商品在庫の原価（売価還元法では売価）を高くするというものです。売価を改ざんすることは原価を操作するよりも比較的容易といえます。なぜなら販売価格（売価）は取引条件によって変わることは日常茶飯事であり、例えば小売業なら特売やチラシなどで売価が変わることが多いことからもわかるでしょう。

　期末在庫は実際の在庫を調査するために実地棚卸を行います。ここで存在しない在庫をあるように見せることができればよいわけです。

4　粉飾による罰則

　赤字決算を意図的に仮装・隠ぺいした場合、「刑事罰」「行政罰」「民事責任」など厳しい罰則規定があります。刑事罰は金融商品取引法を根拠に懲役、罰金刑の両方もしくは片方です。行政罰も金融商品取引法によって課徴金を科されます。また、株主に対して損害賠償責任を負います。中小企業の場合でも刑法を根拠に詐欺罪が適用されることがあります。

小売業における粉飾の事例

　最近実際に行われた粉飾の事例をいくつか紹介します。これらは皆さんがご存知の有名企業ばかりです。あってはならないことですが、実際にこのような不正・粉飾が大手企業でも起きているのです。誰もが日常の業務に忙殺される中、考えもしないことが起きるのです。

　棚卸を含む会計業務は杓子定規といわれるくらいの厳格さが求められるのです。店舗など現場における従業員による不正だけではなく実際にはこのように経営トップや幹部によって大きな不正が行われていることを知っておいてください。

① 　上司からの強制的な指示により、担当者が棚卸データを改ざん。改ざんデータのみを経理担当者に渡し、経理担当者が会計システムに入力するという手順で、棚卸資産を過大計上して、利益をねん出していた。(ドラッグ・ストア)

② 　実体のない架空の売上を計上したことによって発生した架空の売掛金に対して付け替えや「仮払金」「立替金」等の名目で出金した資金による消し込みなどにより、滞留売掛金が表面化しないようにした。(アパレル小売)

③ 　期末の実地棚卸の際に、見本品、サンプル、什器備品などの無評価品に売価をつけて棚卸資産として計上していた。棚卸原票を改ざんする方法としては、金額や数量を書き換える(線を書き足して「1」を「4」にする)など、またインクを消す薬剤を使用して数字を書き換える等の方法が見られた。(ホームセンター)

④ 　会長が国内宿泊費が発生している期間に、同会長が海外に出張していることを示す資料が存在したなど私的な費用を会社負担とし、会社を私物化していた。(食品・酒の小売業)

第 **3** 章

商品管理と
在庫管理

3-1 商品管理とは

Q 実地棚卸の目的は財務経理上の目的と商品管理上の目的があるといわれていますが、商品管理の目的と具体的に何を管理するのかを教えてください。

A 商品管理とは、商品の品質を保持すること、そして適切な在庫量を維持することです。適切な在庫量とは、過剰な在庫で商品の劣化やキャッシュ・フローの悪化を招かないようにすることと、過少な在庫で販売の機会を失わないようにすることを両立させることです。当然そのためには実際の在庫量を把握している必要があります。

解　説

1　商品管理は数量管理？

　商品管理とは、商品が「どのような状態にあるのか」、「いくつ、どこにあるのか」を知り、管理することといえます。商品管理目的の棚卸では数量管理がその大部分を占めるといえるでしょう。ここでは数量管理について説明します。財務上の利益を確定するための棚卸と大きく異なるのは、商品の販売価格ではなく、商品そのものの数量を求めるという点です。財務上の棚卸では、原価や売価が同じものは、同じと評価します。しかし、数量管理では、同じ原価・売価であっても商品（品目）が異なれば別々に管理しなくてはなりません。例えば売価100円の同じメーカーのスナック菓子でもフレーバーが違うと別の商品として扱います。

　数量管理の目的は最適な在庫量を維持することです。店舗は販売するために必要十分な在庫を持たなければなりません。つまり欠品してはいけないのです。消費者は自分が求めるフレーバーのスナック菓子が欲しいのに、それが欠品していて、別のフレーバーの商品があるといった場合、どのように感じて行動するでしょうか。中には妥協して別のフレーバーのものを買う人もいますが、多くの消費者は買うのをあきらめるか、他の店で買うことを選択するでしょう。衣料や靴などは色、サイズが異なっても販売価格は同じです。したがって、す

べて財務上は同じ価値で、区別する必要はありません。しかし、消費者の立場
に立てば、自分のサイズで気に入った色でなければ購入しないでしょう。この
ように財務上は区別の必要がなく同じものと見なせるものも、商品管理上はそ
れぞれの商品の数量管理をしなくてはならないということです。

2　最適な在庫量とは

　最適な在庫量とは、話し言葉でいえば「ちょうどよい」あるいは「多すぎず、
少なすぎず」です。前述のように、在庫が少なく欠品してしまってはいけない
のは当然です。一方で不必要に過剰な商品在庫を持っているのもよいことでは
ありません。無駄な在庫は商品回転を遅らせ、長期間棚に陳列されることで商
品の劣化などが懸念されます。また、限られた陳列保管場所が不要な在庫で占
められているために、他に売りたい商品の陳列場所が十分にとれないといった
弊害も生じるでしょう。

　過去の販売数量や今後の需要予測に基づき、それに見合った陳列在庫量とそ
のための陳列スペースを決めなくてはなりません。また、必要に応じて１回の
発注単位、陳列位置、販売価格などの見直しも必要です。

3　数量管理の目的を整理する

　最適な在庫量を実現するための１つの作業が実地棚卸なのはいうまでもあり
ません。実際の在庫を調べるための実地棚卸は通常年に１～４回程度しか行い
ません。商品の数量管理のために、できればそれよりも回数を増やしたいので
すが、そうもいきません。なぜなら、実地棚卸には大変な労力、つまり時間と
費用が必要だからです。そこで取扱商品の一部だけを実地棚卸よりも頻度を高
めて実際の在庫を調査するのです。この方法をサイクル・カウント（サイクル・
カウンティング）と呼びます。この方法ならそれほど多くない時間と人で実行で
きますし、１年から数か月後にならないと実際の在庫と理論在庫との差異がわ
からないといった問題を解決できるでしょう。

3-2 サイクル・カウントで実現できること

> **Q** 実地棚卸とサイクル・カウントの違いはわかりました。それではサイクル・カウントで実現できること、つまり具体的な目的は何でしょうか？

> **A** サイクル・カウントの具体的な目的の主なものには、次のものがあります。1つ目は「不明ロスの追跡調査」です。2つ目は在庫過多などの「不良在庫への対応」です。3つ目は自動補充のための「在庫数量の更新」です。4つ目は「スペース生産性の把握」です。そして5つ目が在庫レベルの適正化を図るための「商品回転率の把握」です。もちろん基本的に一斉に全社、全店舗、全部門の実在庫を調べる棚卸でも上記の5つの目的を果たすことはできないわけではありませんが、時間が経てば経つほど「遅きに失する」可能性が高くなります。

解 説

1 不明ロスの追跡調査

不明ロスは最終的に金額ベースで評価されますが、その前提は数量調査です。SKU別に実在庫と理論在庫の差異リスト（variance report と呼ばれます）を出力し、差異の大きいものの追跡調査を行います。当然、期首の棚卸もしくはその前のサイクル・カウント時の在庫数、その間の仕入数、仕入時期、POSデータから得られる販売数と販売時期などを含め調査をし、その原因を追及します。商品個別の原因がわかれば、より具体的な対策の立案と実行もできるでしょう。

2 不良在庫への対応

販売状況が思わしくない、商品の販売有効期限（食品などの消費期限など）が近いものなどはできれば早く売場からなくすことが必要です。季節商品も同様にその変わり目で販売量は大幅に落ち込みますから、その前に値下げなどして売り切る努力が必要です。

値下げ（値引きシールを貼る、陳列棚の売価表示を変える）作業だけを行うよりも同時にサイクル・カウントで実在庫を調査すると、POSの商品登録データの

変更（登録売価変更＝値下げ）とサイクル・カウントを同時に行うことで、いちいち値下げ処理のためのデータ起票の必要がなくなります。同時に実在庫データも更新するというのは一見当たり前のように思えますが、実際の店舗現場では、別々に行われていることが少なくありません。

3　在庫数量の更新

　自動発注（補充）のための在庫更新は不可欠です。IT の進歩は小売業のしくみに大きな変化をもたらしています。単に販売データや発注、仕入データの集計だけでなく、自動的に販売予測をして補充数量を決定するしくみを導入する企業も増えています。そうしたシステムを効果的に運用するためには、特に商品回転率の低い商品については実在庫データの更新は不可欠です。

　商品回転率の低い商品は当然のことながら在庫数は必要最小限にしなくてはなりません。例えば年間 4 個しか販売実績のない商品であれば 2 個あれば半年分の在庫ということになります。ただし、何らかの理由でいつのまにか在庫がゼロになっていた場合、理論在庫上は在庫が 2 個あることになっていますから、発注補充はされません。あるはずの在庫がゼロなのですから、その商品が販売されることもないわけです。このようにサイクル・カウントによる実際の在庫の調査を怠るとその商品の販売機会を失い、顧客からの信頼も失うことになります。サイクル・カウントを行い、在庫データを正しいデータに更新することによって欠品や販売機会の損失を未然に防ぐことができるのです。

　在庫更新はその手間がなければ毎日でも 1 日何回でもしたいところですが、実際そういうわけにはいきません。しかし商品によっては日々実際の在庫を調査し管理する必要のあるものもあります。日々継続的な在庫管理をすることをパーペチュアル・インベントリ・コントロール（perpetual inventory control）と呼びます。当然そのためには売上、納品数量のみならず、返品、店舗間移動、破損廃棄などの変動要因を常に追跡して正しい実在庫データに更新することが必要で、すべてのデータが誤りのない状態になっていなくてはなりません。

　図表3-1の例のように、アパレルや靴など、カラーやサイズごとに在庫管理ができていないと販売機会を逃してしまうことになりかねません。

　インターネットが普及し、いわゆる e コマースがその存在感を高めている昨

図表3-1　在庫データの誤りの例

サイズ ＼ 在庫数	理論上の在庫	実際の売場の在庫
22.5cm	（靴 1）	納品データではサイズが22.5cm となっていたが、実際に入荷したのは23.0cm であった。
23.0cm	（靴 1）	（靴 2）
23.5cm	（靴 1）	販売した商品をお客がサイズが合わないといってきたので、24.0cm の商品を23.5cm と交換したが、在庫の修正を怠ってしまった。
24.0cm	（靴 1）	（靴 2）

今、これらアマゾン・ドット・コムに代表される e コマース企業における在庫管理の精度は、実際の店舗以上に必要です。なぜなら実際の店舗の比ではないほど多数の商品を販売しているからです。一部はマーケットプレイスのプラットフォームを提供し、e コマース企業はその在庫を持たず、あくまでもバーチャルな売場の一部を貸すといったイメージですが、やはり自身で圧倒的に多い種類の品揃えをしています。

　図表3-2は、実際の店舗の品揃えと e コマースでの品揃えの違いを示しています。つまり在庫が数個しかないものが非常に多くあるというわけですから、実際の在庫と理論在庫の差が１個でも違えば欠品となってしまいます。

図表3-2　実店舗と e コマースの品揃えの違い

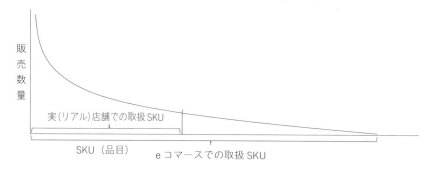

　さらにいえば実店舗での欠品は通常売場の棚が空白になっているからわかり
やすいのです。もし、それを買いに来たお客が欠品していることに気がつけば、
単に「品切れしているので仕方がない」程度でほとんどのお客は納得します。
一部の「優しい」お客なら「今後来た時に買おうかな」とさえ思ってもらえる
かもしれません。

　しかし、e コマースを利用して商品を買うために注文する場合は少し異なり
ます。通常画面に表示されている商品は在庫があると示されています。さらに
は在庫数量までも表示されているサイトも少なくありません。もし在庫がなけ
れば現在欠品しているとの情報もそこにあるはずです。

　あなたが e コマースのあるサイトに「在庫○個あり」との表示があったので
注文したとします。しかし、商品はいつまでも届きません。しびれを切らして
問い合わせすると、欠品していて発送が遅れているとの返事です。あなたはど
う感じるでしょうか。「こんなことなら他で買えばよかった」、「こんな信用でき
ないサービスならもう二度と利用したくない」と思うのではないでしょうか。

　このように e コマースでの数量管理の重要性は非常に高いものといえます。

4　スペース生産性の把握

　販売された商品の ID つまり SKU コードと数量から求められる販売金額と
粗利益高、そして位置情報（管理単位ごとに陳列什器に与えられた番号とその占有
面積）の 3 つからスペース生産性（単位面積あたりの粗利益高）が求められます。

　このスペース生産性を活用して**図表3-3**のように分析することで適正規模の
売場スペースを見つけ出し、より買物しやすい売場づくりのためのレイアウト
変更に活用するのです。部門やカテゴリー別に売場を適切に配分することは単
純に決められることではありません。しかし、当初は適切と思われたものも時
間が経ち消費者の購買行動も変化していきます。また 5 年、10年経過すれば新
たなカテゴリーが生まれるでしょうし、大きく需要が拡大するものも、逆に需
要が縮小するカテゴリーがあるのも当然のことです。

　したがって売場スペースの配分は常に見直すべきであり、定期的に売場構成
の大幅な変更が必要になることもあるでしょう。そのためには棚卸やサイク
ル・カウントで得られた在庫データと販売データの活用はとても重要なものと

図表3-3　スペース生産性の分析の例

カテゴリー	カテゴリーA	カテゴリーB	カテゴリーC	カテゴリーD
陳列スペース（m²）	50	70	30	100
販売金額		000,000	700,000	1,100,000
粗利益高	360,000	250,000	280,000	275,000
粗利益率	30%	25%	40%	25%
スペース生産性	7,200	3,571	9,333	2,750

売場を広げる？

売場を縮小？

いえるでしょう。

5　商品回転率の把握

　在庫水準の適正化を図るための商品回転率（在庫日数）の調査もサイクル・カウントや棚卸の重要な役割です。部門、カテゴリー別に商品回転率（在庫日数）の基準を設けて、適正な商品回転率（在庫日数）になっているかどうかを検証します。その原因が単純に在庫過多なのか、あるいはカテゴリー内での品揃え、陳列、欠品などの原因があるのかを分析します。逆に基準より回転率が高い場合は割り当てられた売場スペースの不足で補充作業の生産性の阻害要因になっているかもしれません。これらの分析をもとに改善のための施策を検討し、対策を実行します。

　部門やカテゴリーの商品回転率を一律にすることは正しくありません。それぞれの商品特性、購買習慣の違いにより異なってもよいのです。そして、その特性に合わせて最適なスペースと在庫で計画的に商品回転率をコントロールする必要があります。

　しかし、商品回転率を一定にすべきものもあります。それは同一カテゴリー内のSKUにおいてです。同一カテゴリーの商品は基本的に商品特性やお客の購買動機、購買習慣はほぼ同じです。同じカテゴリーの中で最も売れる商品Aとそれに比べて販売量が5分の1しかない商品Bのスペース配分と陳列量（在庫）が同じだとすると商品回転率はAがBの5倍になってしまいます。それではどんな不具合がここから生じるのでしょうか。

　同じ在庫数量なら商品 A のほうが欠品の危険性が高いはずです。一方、あまり売れていない商品 B は在庫過多で場合によっては商品の使用（消費）期限を超すようなことがあり得ます。ですからこのような場合は、最も売れる商品の陳列量を増やし、販売量の少ない商品の陳列量を減らすこと、もしくは取扱いを中止することで、商品回転率をできるだけ近づけるべきです。

　販売量が多く商品回転率の高い商品の陳列在庫（スペース）を拡大し、逆に販売量の少ない商品回転率の低い商品のそれを縮小することは決して容易ではありません。なぜなら多くの場合は、販売量が少なく商品回転率の悪い商品はすでに陳列スペースが狭いのです。陳列棚の 1 フェイシング（商品の顔＝フェイスが横にいくつ並んでいるかを示す）しか陳列されていないものが多くあります。それはスーパーマーケット、ドラッグ・ストアなどを見るとよくわかるでしょう。

　対策として考えられるのは、商品回転率の高い商品のスペースを拡大するために商品回転率の低い商品の取扱いをやめるということです。もちろんこれも正しい選択肢の 1 つでしょう。一方で非効率であっても品揃え上欠かすことのできない商品では一切取り扱わないというわけにもいきません。いずれにせよ効率とわが店に顧客が求めるものを考慮して**図表3-4**のようにバランスのよい売場を実現しなくてはなりません。

図表3-4　目標とする商品回転日数の構成比

現状の商品回転日数の構成比

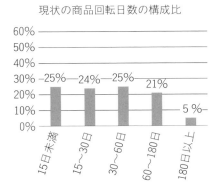

目標とする商品回転日数の構成比

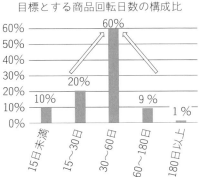

3-3 在庫は少なくすべきか

> **Q** よく「在庫削減で経営が回復」などの話を聞くことがあります。やはり在庫は少なくし、商品回転率を上げるべきでしょうか？

A 現状の在庫が過剰であると判断すれば、在庫削減は正しいといえます。たしかに商品回転率を高めることで、いくつかの経営数値を改善できます。しかし、その副作用もあるのです。

解 説

1 商品回転率を上げる方法は

　商品回転率を上げる方法としては、在庫量を減らし売上を維持することと、在庫量を維持し、一方で売上を増やすことです。単純なこととはいえそれを実現することは容易ではありません。まずどんな事業でも事業の拡大、売上の拡大を目指すのは当然のことです。ですから、「売上向上」を至上命題とするのは必ずしも間違いではありません。しかし、在庫量を増やさずに売上を増やすことはそう簡単ではないのです。売上を増やすためにはそれだけより多くの商品を売らなければならないわけですから、在庫が足りなくなるようなことにならないようにしようと考えるのは当たり前でしょう。その結果、在庫量を増やしてしまうことが多いのです。ところが計画どおりに売上が増えなかった場合には過剰な在庫となり商品回転率は下がってしまいます。

　では、やはり売上を増やすことの優先順位を下げて在庫量を減らすことに注力すべきでしょうか。売上金額の目標を達成することで評価される営業担当者や店舗の責任者にしてみると在庫を減らすことはなかなかできないことです。これでは八方ふさがりです。

2 商品回転率を上げるメリットとデメリット

　もし、売上を減らすことなく在庫を減らし商品回転率を高めることに成功できればいうことありません。滞留している不良在庫を一掃できればいいですし、

何より店舗売場や倉庫などの商品のための余分な保管スペースもいらなくなります。また、商品の仕入代金を支払うよりも早く商品を販売できれば資金的な余裕もできます。これを回転差資金と呼びます。

　一方で商品回転率を高めることでの問題点はないのでしょうか。まず気がつくのは欠品、品薄の危険性です。自社の在庫を極力減らしても、仕入先が迅速に商品を供給できればよいのですが、仕入先に必ずしも潤沢に在庫があるわけではありません。結果として販売する機会を逃してしまい、それが売上減、場合によっては顧客からの信用を失うことになりかねません。

　もう 1 つの問題点は作業量が増えるという点です。より多くの在庫を持つことのメリットはその逆に作業量が減るということです。極端ですが、パレットに載った50ケースの商品を一括で納品し、売場にそのまま持っていき販売するようにするのと、50ケースをその都度 1 ケースずつ納品してもらい、売場に補充することを考えてみてください。圧倒的に前者の作業量が少ないですね。でも実際そんなことできないよといわれるかもしれません。多くの店舗では無理でしょう。なぜならその保管スペースがありませんし、それを売場まで運ぶための機器設備もありません。しかし、会員制ホールセール・クラブのコストコでは実際にその方法がとられています。

　そこまで極端ではなくとも、陳列スペースに陳列できる最大量が 5 個、10個の商品では通常 1 ケース12個もしくは24個の商品では陳列スペースに入りきれません。そこでこのような商品はもっと少ない単位で発注入荷できるようにします。よく使われるのは折りたたみのできる通い箱です。その箱の中に複数の種類の商品がそれぞれ数個入っているので、それを棚に並べる作業も 1 回に数個です。もし陳列スペースが 1 ケース以上確保されていれば 1 ケースの数量を 1 回で補充することができます。数個で何度も補充する時間と比べるとはるかに少ない時間で補充ができるわけです。補充作業だけではなく、その商品の発注作業の回数も増えます。

　しかし、これがすべて悪いわけではありません。会員制ホールセール・クラブのようにパレットで大量に納品し販売する場合から 1 個ずつ発注し販売するものまであってもよいのです。売場の大きさや販売する商品の価格やその特性、販売量を考慮すると 1 個ずつ補充したほうがよいものも多くあります。

ですから一律に在庫を減らすことは決してよいことではないのです。あくまでもその商品に合った適切な（ちょうどよい）在庫数量と商品回転率を設定しなくてはなりません。また、その値は需要と販売量の変化に応じて変えていかなければなりません。

ここでサプライ・チェーン・マネジメントに触れておきましょう。「生産段階の原料調達から消費までの物流全体の効率化を行うためのあらゆる努力」を指します。もともとチェーンストア小売業の物流の目的は、生産から消費までのサプライ・システムを設計することにあると説明されています。

つまり商品の原材料の調達から商品化されて最終的に消費者の手に渡り、消費、利用されるまでの最適化を図るというものです。商品を製造するためにはその原材料が必要です。複雑な工業製品なら多種の部品が必要でしょうし、その部品メーカーはその原材料が必要です。一方、商品はメーカーの工場もしくは倉庫から出荷されます。通常は卸売業者か小売業の物流センターが受け手側となります。そこから店舗へ、そして消費者へと何段階ものプロセスを経ているのです。

それぞれの関係者が効率を追求するのはもちろんですが、それが他社へのしわ寄せになっては意味のないことです。サプライ・チェーン全体の効率を良くすることが求められます。在庫をどのような単位で保管し販売するかは店舗だけではなく、関係する各企業にとっても重要な課題なのです。そして当然のごとくそれぞれの段階で正しく在庫が把握されていなくてはなりません。

ここでもう1つ、ブルウィップ効果（Bullwhip Effect）についても触れておき

図表3-5　ブルウィップ効果

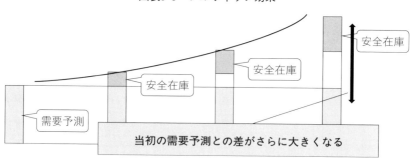

ましょう。どれだけ販売できるのかを正確に予測するのはそう簡単ではありま
せん。もちろん精度を高める前提となるのは正確な実在庫です。しかし統計手
法を用いた予測でも実際の需要がぴったりと一致することはまれです。ではど
うするか。販売機会を逃さないようにやや在庫を多めに持つことになります。
いわゆる安全在庫です。

　ブルウィップ効果が発生する原因は、長い発注サイクルや大きな発注ロット
サイズにあります。しかし一方で発注サイクルを短くして、発注ロットを小さ
くすることでブルウィップ効果を抑えようとすると前述のように作業効率が低
下してしまいます。人間に判断させるとそれぞれのプロセス（自分の役割）にお
いて最適化を図ろうとしがちで部分最適化に陥りブルウィップ効果が発生しや
すくなります。また、情報の伝達も遅れ、需要の変動への対応も遅れがちにな
ります。

3　欠品と機会ロス

　当たり前ですが、欠品は販売機会を逃すことにもつながり、可能な限り防ぎ
たいものです。それでは欠品とは何でしょうか。実は「商品がないこと」だけ
が欠品ではないのです。

⑴　いわゆる欠品

　まず欠品とはお客が必要とする商品がそこで入手できないことです。１つは
完全に商品が１個もないこと、２つ目は顧客が購入しようとした需要に対して
不足していること、３つ目は「心理的欠品」などと呼ばれており、在庫数が少
ないと顧客に「残りもの」「古いもの」といった印象を与えてしまうことで、「購
入を思いとどまってしまう」というものです。

　しかし生鮮品や消費期限の短い牛乳などはそうかもしれませんが、他はそう
ではないのではと思うかもしれません。しかし、実際に在庫数がある一定の数
量を下回ると明らかに販売数量が減ることがわかっています。それを最低陳列
量といいます。

　これらの欠品の特徴は、欠品であることが誰の目にもわかるということです。
そして、「陳列場所に商品が１つもない」、「数量が足りない」、「残り物のようだ」
といった状態を目にすることは珍しいことではありません。

⑵　隠れた欠品

　そうではない欠品もあるのです。それは「ディストリビューション・ボイド（Distribution Void）」*もしくは単に「ボイド」と呼びます。日本語で翻訳した言葉がないのでそのまま使います。簡単にいうと売場、陳列場所がない欠品です。その原因の1つは、過去に売場にその商品が存在したにもかかわらず、一時的に完全に在庫がなくなってしまったときにそれを隠すために該当商品のシェルフタグ（商品名、価格を表示したいわゆる棚札）を取り外して隣接した商品を広げてしまうというものです。ではなぜそのようなことが起きるのでしょうか。陳列商品を前面にきれいに並べる手直し作業（フェイスアップもしくは前出しなどともいいます）をしている時にシェルフタグを無視してとにかくきれいに見えるようにしてしまうのです。動機はさまざまでしょうが、例えば上司（店舗なら店長やマネジャー、場合によっては会社の社長をはじめとした経営幹部）から棚が空いていることを叱責されることを恐れて、欠品を隠そうとするということもあるでしょう。

　最初から陳列場所が存在しない場合もあります。商品の入替えの指示があったにもかかわらず、そのまま放置している場合です。新たに品揃えに加える商品と売場から外すことになった既存の商品を入れ替える場合（ニューアイテム・カットインと呼びます）よりも1つのカテゴリーの商品を多数入れ替え、陳列場所も変える大掛かりな陳列変更（カテゴリー・リセットと呼びます）の場合に起こりがちです。なぜなら作業を行うためのまとまった時間が必要だからです。店舗の作業で優先されるのはお客に商品を買っていただくためのレジでの精算業務、商品の補充と発注などです。このような陳列変更作業よりも優先しなくてはならない作業が多くあります。ですから、指示された陳列変更が実行されないか、実行されたとしても期限までに終わらないということがよく起こります。イギリスの調査専門会社の調査によれば大手の小売業でさえ、完全に実行できていたのは半分程度とのことです。

　少々話は脱線しましたが、他にもお客が商品を買うことができない場合があります。

⑶　まぼろしの欠品

　いよいよ話は怪しくなってきました。「まぼろし」は英語では「phantom」で

す。ですからまぼろしの欠品は「phantom stockout」といいます。

　まぼろしの欠品は 2 つに分類され、「売場にはその商品があるのに、お客が見つけられない」と「店舗にはあるが売場にはない」という場合です。ではどのような状況なのでしょうか。まず商品が売場にあるにもかかわらず、商品を見つけられないのはどんな場合でしょうか。

　例えば特に大きな店や複雑なレイアウトの売場では目指す商品が含まれるカテゴリーさえ発見できないことがあります。また、その商品があると思われるカテゴリーの売場に到達しながら、その売場の中で発見できないこともあります。それは買物客の問題だろうというとそうではありません。商品管理が不十分でわかりやすく分類されていないからかもしれません。同様に商品を見つけられない例として間違った商品カテゴリーに陳列してしまった場合です。こんな例があります。ある書店ではデジタルカメラ関係の本の陳列場所をどこにするのかが事前に決まっていません。担当者がカメラ関係の売場に陳列するかデジタルなのでコンピュータ関連の売場にするかを判断して陳列します。するとお客も他の従業員も目的の本を探すのに大変な苦労をしなくてはならず、結局見つからなかったということにもなりかねません。

　では「店舗にはあるが売場にはない」とはどのような場合でしょうか。お客が直接アクセスできないバックヤード（後方の倉庫スペース）にあるのです。入荷した商品の補充が間に合わずに売場にない、もしくは倉庫に商品があるにもかかわらず、他の在庫の中に埋もれているために見つけることさえできないということも起こります。

　いずれにせよお客が目的の商品を見つけられなければ「欠品」と同じです。このようなことが起こらないように、実地棚卸や日々の在庫管理が厳密に行われていなくてはなりません。

　＊　本来の「ディストリビューション・ボイド」は、陳列場所の有無を問わない（どちらかというと商品メーカー側が自社の商品が正しく店頭に達していないことを指す）が、一般的に商品が店舗に届いていない、もしくは店舗が発注していない状態が続いている時には陳列場所がないということがその原因の大半を占めるために、店舗側から見ると"陳列場所"そのものがないとして「欠品」と区別しています。

3-4 逆ロスとは

Q ロスの意味はわかるのですが、「逆ロスが出てしまった」と聞くことがあります。逆ロスとは何か、またどのような場合に逆ロスになるのでしょうか？

A ロスは一言でいえば「あるべき商品数量（金額）と実地棚卸の結果得られる商品数量（金額）との差」ですが、実は逆ロスも同じです。ではロスと逆ロスの違いはというと、ロスはあるべきものがなくなってしまったのに対して、逆ロスはないはずの在庫があったということです。

解　説

1　逆ロスが生まれる原因

ないはずのものがあるなんてことがあるのでしょうか。実際に棚卸をしているとこんなことが起きるのです。

それではどんな場合でしょうか。考えられる1つの可能性は期首の棚卸の誤りです。図表3-6の例でいうと、期首の棚卸で7個あったのに誤って5個と数えてしまったのです。同じような例は期中の入荷数の誤り、期中の売上数の誤

図表3-6　逆ロスの例

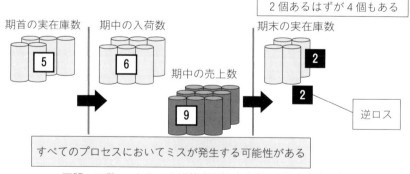

あるべき帳簿（理論）在庫数 ＝ 期首在庫数 ＋ 期中入荷数 － 期中売上数

2個あるはずが4個もある

期首の実在庫数　　期中の入荷数　　　　　　　　　期末の実在庫数

5　　　　　　　6　　　　　　期中の売上数　　　2

9　　　　　　　　　2　　逆ロス

すべてのプロセスにおいてミスが発生する可能性がある

不明ロス数 ＝ あるべき帳簿（理論）在庫数 － 期末実在庫数

り、それから期末の棚卸の誤りもありますね。しかし、期末の棚卸時点で逆ロスを発見できれば、原因はそれより前のプロセスのどこかで発生したことが推測できます。

　期首の棚卸での間違いも数え漏れ、期中の入荷商品が入荷伝票よりも多く入荷していた、売上の計上に誤り、期末の棚卸での誤りなどその可能性はすべての過程で起こり得ます。

　こんな例もあります。まだ開梱していない段ボール箱の中の商品を棚卸でカウントする際に段ボール箱に印刷されていたバーコードをスキャンして、箱の入り数を入力するといったミスです。正しくは箱を開けて商品を取り出し、その箱の中に入っている20個と入力しなくてはなりません。ところが、箱の外に印刷されているのは箱ごと販売するためのコードであったため、20個入りの商品が20箱あることになってしまったのです。つまり実際は20個の商品が400個と計上されてしまったのです。このような誤りが期末棚卸で起きると大きな逆ロスが発生します。

　売上のミスでは逆ロスは起きることは考えにくいと思うかもしれませんが、実はそうではありません。商品管理上では起こりがちなことです。レジでの売上登録ミスが原因になるのは同じ価格でありながら異なった味、サイズ、色などの商品を複数販売したときに起きるものです。

　のり塩味とコンソメ味、ガーリック味の同じメーカーの菓子があるとします。お客は3種類を3つずつ購入しました。レジ担当は同じメーカーの商品で同じ価格の商品であるため、本来1つずつスキャンして登録すべき、もしくはそれぞれの味ごとに数量入力3としなくてはならないにもかかわらず、のり塩味の商品をひとつ手に取りスキャンして、9と数量入力したのです。

　このこと自体はお客の不利益にもなりませんし、店側の売上や利益にも問題は生じません。また、9個の商品を1つずつスキャンしたり、商品3種類を分けてそれぞれ数量入力3とするよりも短時間でレジ精算ができます。お客を待たせないことを優先すれば正しい選択といわれるかもしれません。しかしそれは本当でしょうか。

2　逆ロスがあっても困らない財務目的の棚卸

　これらの商品の原価と売価が同じであれば、財務目的の棚卸結果としては何の問題も起こらないのです。この場合はプラスマイナスゼロで売上や利益には影響はありません。

　逆ロスは何も単品だけではなく、すでに述べたようにすべての過程で起こり、店舗段階、部門、カテゴリー段階でも金額ベースで逆ロスが発生します。しかし、これらの場合は 3 種類のお菓子の例のようにプラスマイナスゼロになることはまれです。

　逆ロスが発生すると実は見かけの利益は増えるのです。第 2 章第 2 節に示された売上総利益の計算式です。

売上総利益 = 売上高（売価合計）− 販売された商品の原価合計
販売された商品の原価合計 = 期首在庫原価 + 期中仕入額 − 期末在庫原価

　逆ロスというのはあるはずのない在庫が存在することですから、期末在庫原価が増えることで販売された商品の原価合計は減ります。そして、販売された商品の原価合計が減ると売上総利益は増える、すなわち会社としてのあるいは店舗、部門の売上総利益が増えるのです。おかしな話ですね。ですから財務担当にしてみると、逆ロスが発生したとしても特に問題視する必要はないわけです。

3　逆ロスから発生する問題点

　問題点はもうお気づきでしょう。商品管理上は大変まずい状態です。あるべき在庫よりも多いものが存在し、それと同時にあるべき在庫がないということですから、その結果販売機会を失うことになるかもしれません。いい加減な商品管理が行われていると不正を包み隠してしまう可能性が出てきます。商品の入荷、期首期末の棚卸の正確さは当然のことながら、レジでの登録のルールについても決められたとおりにスキャン登録するように教育し徹底させなくてはなりません。

4　逆ロスはあってはならないロス

逆ロスは数量ベースだけではなく、金額での集計でも同様のことが起こります。逆ロスが発生しているということは、いうまでもなく商品管理がずさんであることの証拠です。逆ロスが当たり前として業務が行われていれば、誰もその数値を信用しなくなるだけでなく、「ごまかしてもわからないだろう」との安易な気持ちから不正行為につながることがあります。

図表3-7　ロス率と絶対値ロス率の違い

部門名	売上構成比	ロス率	絶対値ロス率
部門 A	22%	1.10%	1.10%
部門 B	12%	1.14%	1.14%
部門 C	5%	4.20%	4.20%
部門 D	9%	0.40%	0.40%
部門 E	18%	−2.00%	2.00%
部門 F	5%	2.50%	2.50%
部門 G	4%	0.70%	0.70%
部門 H	12%	−0.45%	0.45%
部門 I	13%	−0.90%	0.90%
総　　計	100%	0.25%	1.31%

　図表3-7では、ロス率は全体で目標0.3%に対して実績は0.25%ですから目標を下回る好成績でした。しかし部門別に見ると問題が見えてきます。財務上のロス率は0.25%です。しかし逆ロスが3部門で発生しており、絶対値で集計すると1.31%とロス率は5倍以上に跳ね上がります。これが商品管理レベルを表す値です。

　財務と計数分析、能力開発、人材育成など多岐にわたって日本のチェーンストア産業の構築に大きな貢献をした藪下雅治氏の著作『棚卸し実務とロス退治－ムダをなくす商品管理』（実務教育出版）にはこう書かれています。「逆ロスとは、商品ロスがありうべき売上高から実績売上高を差し引いたものだとすれば、それがマイナスになってしまうような、ありうべからずの状態をいう。」

　つまり逆ロスはあってはならない状態なのです。繰り返しますが、ロス率は計画どおりに0.3%を下回ったからいいじゃないかというのは間違いです。逆ロスは重大な問題だと捉えなくてはいけません。

商品回転率と棚卸コスト

　本文でも商品回転率について説明していますが、小売業の商品回転率はどのくらいでしょうか。下の表を見ると業態によって特徴がありますね。専門店、ホームセンターは商品回転率は総じて低く、スーパーマーケットが比較的高いことがわかります。スーパーマーケットでは商品回転率の高い生鮮品や日配品の構成比が大きいことから商品回転率が高いのでしょう。

　商品回転率の低い業態のほうがより棚卸のコストが高くなることが想像されます。しかし、利益の源泉は売上よりも粗利益ですから、粗利益率が高ければ、商品回転率の低さをカバーできるとも考えてよいのかもしれません。

主 業 態	企 業 名	原価率	粗利益率	商品回転率
ホームセンター	DCM ホールディングス	65%	35%	2.22
ドラッグストア	ウエルシアホールディングス	69%	31%	3.82
ドラッグストア	ツルハホールディングス	70%	30%	3.20
ドラッグストア	マツキヨ&ココカラ	67%	33%	2.13
ドラッグストア	コスモス薬品	80%	20%	8.30
ドラッグストア	サンドラッグ	76%	24%	5.51
ドラッグストア	スギホールディングス	69%	31%	3.35
ディスカウント	ミスターマックス	75%	25%	6.60
スーパーマーケット	ライフコーポレーション	67%	33%	7.95
スーパーマーケット	バロ―HD	71%	29%	5.98
スーパーマーケット	USMH	70%	30%	10.84
スーパーマーケット	イズミ	73%	27%	6.44
スーパーマーケット	アークス	74%	26%	14.48
スーパーマーケット	マックスバリュ西日本	74%	26%	10.88
スーパーマーケット	イオン九州	71%	29%	8.42
専門店（仏具）	はせがわ	36%	64%	1.66
専門店（スポーツ）	アルペン	58%	42%	1.85
専門店（紳士服）	青山商事	50%	50%	0.72
専門店（自転車）	あさひ（自転車）	51%	49%	1.90
専門店（家電）	ヤマダ電機	71%	29%	2.05
専門店（衣料）	ファーストリテイリング	50%	50%	1.94
専門店（衣料）	ユナイテッドアローズ	50%	50%	1.80

　2022年9月現在で調査した上場企業の公開された財務諸表から「流動資産の商品」と損益計算書の「売上」と「売上原価」「売上総利益」をもとに計算したものです。

第 4 章

実地棚卸計画と組織

4-1 棚卸の計画

> **Q** 棚卸を行うために事前に決めておくべきことは何でしょうか?

> **A** 事前に決めておかなくてはならないことは、①どのような方法で、②いつ棚卸を行うか、③誰が行うか、などです。

解 説

1 棚卸の方法

棚卸には大きく分けて部門と数量と金額だけのデータを取得する「金額棚卸」と個別の商品ごとの数量と金額のデータを取得する「単品棚卸」(SKU 棚卸) があります。

金額棚卸は、部門ごとに数量と売価を調査し、最終的には部門ごとの売価合計を求めます。商品の種類ごと、品目別のデータは取りませんから、売価還元法で評価する場合のみ有効な方法です。

単品棚卸は SKU ごとの数量を取得するので、売価還元法だけではなく、その他の棚卸資産の評価法を適用することができます。

金額棚卸では、商品に正しい売価がつけられているか、もしくは陳列棚の前に売価を示す札 (プライスカード) が付いていなくてはなりません。したがって売場以外の場所、例えば倉庫や引き出しの中などの商品はあらかじめ売価がわかるようにしておく必要があります。そのための事前の作業が発生するので、十分な時間と人を確保して棚卸を行う当日までに計画どおりに行うことが大切です。

単品棚卸は、金額棚卸と異なり、売価情報は必要ありません。なぜなら商品マスター・データベースには商品ごとの原価および売価情報があります。事前準備作業はまったくないわけではありませんが、金額棚卸と比較すると事前準備の作業量は少ないといえるでしょう。スーパーマーケットやコンビニエンスストアなど多くのチェーンストアでは POS レジを使用しています。つまり商品に印刷されたバーコードをスキャンすると自動的にマスター・データベース

から該当する販売価格を含む商品情報が得られます。したがって、棚卸の場合
も数量さえわかれば同様に売価、さらには原価情報も得られるわけです。です
から前述のとおり、売価還元法に限らず、先入先出法、移動平均法、総平均法
など、いずれかの棚卸資産の評価方法を採用することができるわけです。

2　棚卸をいつ何回行うか

　それでは棚卸はいつ、そして年に何回行うべきなのでしょうか。すでに第2
章で述べたように、会社の決算で利益を確定して、得られた利益から納税する
わけですから、年1回期末に棚卸を行うことが法律で定められています。です
から最低でも年1回は義務です。しかし、企業によっては財務と商品管理の両
方の目的から複数回棚卸を行います。商品回転率の高い食品などを扱うスー
パーマーケットやコンビニエンスストアなどの多くは年間2～4回行います。
それよりも商品回転率の低いドラッグストアでは年2～4回、さらに回転率の
低い商品、例えば書籍類を取り扱っている書店は年1回の棚卸が多いようです。
　一般的には決算棚卸はその期末に、そしてその他の棚卸は特に制約がないた

図表4-1　業種・業態別の一般的な棚卸の実施回数

業種・業態	一般的な棚卸回数	特　　　記
食品スーパーマーケット	年2～4回	生鮮などは1週間から1か月単位で行うことが多い
コンビニエンスストア	年3～6回	年4回（四半期ごと）が多い
ドラッグストア	年2～4回	盗難に遭いやすい高額品がある
ホームセンター	年2～3回	回転率の高いものと低いものがある
衣料品専門店	年2～4回	季節により商品が大幅に入れ替わる
家電専門店	年2～4回	盗難に遭いやすい高額品があるため重点管理部門は頻度を高める
書店	年1～2回	在庫が多く棚卸の作業量が多い
百貨店など大型総合店	年2回	重点管理部門は別途

＊ここでは定期的なサイクル・カウント（部分棚卸）も含んでいる

めに、半期もしくは四半期ごとに行うことが多いようです。次節で棚卸日程の決め方についてより詳細に書かれていますのでそちらをお読みください。

　次の問題は時間です。営業をしながら棚卸を行うことは基本的に難しいのです。それはそうでしょう。商品を数えている最中にも商品は棚から買物客が持ち去り、購入するからです。ですから大半の店舗では棚卸を閉店時に行うことになります。通常の営業時間のままであれば、閉店後翌朝開店までの時間(棚卸A)しか使えませんし、棚卸のため営業開始時間を遅らせたり(棚卸C)、1日休業日（棚卸B）という方法も考えられます。

図表4-2　棚卸の時間帯

	20　22　0　2　4　6　8　10　12　14　16　18　20	棚卸実施時間帯の例
営業時間	閉店時間　　　　開店時間　◀──　営業時間　──▶	営業時間：9〜21時
棚卸 A	閉店後翌朝開店まで	21〜翌日6時
棚卸 B	店舗1日休業とする	翌日8〜18時
棚卸 C	◀─閉店時間を早める　　　◀─開店時間を遅らせる	19〜23時、翌日6〜12時

　日々必要な商品を販売している店舗では、店舗休業は買物客にとっても不便でしょうし、一方、店舗側もその日の売上を失うことにもなるので、現在は棚卸のために休業にするということは極めてまれです。しかし、店舗を休業して行うという選択肢も当然あります。

　一方、閉店後から翌朝までの間に棚卸を行うことができれば、売上機会を失うことはないでしょう。しかし、閉店後に店舗従業員に棚卸をさせることは非常に難しいですね。昼間勤務している従業員には不可能ですし、昼間休んでいた従業員が閉店後に出勤して棚卸を行う、さらに店舗以外の例えば本部からの応援を頼むことも簡単ではありません。

　その中間策として、開店時間を遅らせるか閉店時間を早めるという方法も考えられます。これも完全な休業よりは多少ましですが、顧客の利便性や売上機会を損ねることには違いありません。また、営業時間の前後に棚卸を行うためには店舗従業員の勤務時間も長くなり、負担が大きくなることもあるでしょう。

　いずれにせよ、できるだけ店舗を利用する顧客の利便性に配慮しながら、同時に店舗従業員に過度の負担をかけないようにするのが原則です。

3　棚卸を誰が行うか

　棚卸時間の問題を解決する１つの方法として、棚卸そのものを外部業者にアウトソーシングするという方法があります。専門に棚卸を行う会社を利用すると**図表4-2**にある棚卸Ａを採用することができます。これにより顧客の利便性と販売機会を損なうことがなくなります。しかし、メリットばかりではありません。費用が余計にかかるからです。もちろん店舗従業員が棚卸を行う場合も店舗従業員の人件費は必要です。したがってコストと販売機会を失わないことなどのメリットとを比較検討する必要があります。それについては別の節で詳細に述べます。

　棚卸のアウトソーシング会社は1950年前後にアメリカで誕生しました。それまでは店舗従業員もしくはそのときのために臨時雇用した人間などが棚卸作業をしていました。しかし上述のような観点から棚卸業務そのものをアウトソーシングすることが多くなってきました。日本でも1978年に日本最初の棚卸会社が誕生し、多くのチェーンストア企業ではそのサービスを利用しています。ここまでを５Ｗ１Ｈでまとめると**図表4-3**のようになります。

図表4-3　棚卸の５Ｗ１Ｈ

いつ （月日）	年１回の決算棚卸は決算前が前提だが、棚卸資産の値の信頼性が担保されるのなら必ずしも決算前でなくともよい。決算棚卸以外の棚卸を行う場合はその日程を自由に定めることができる。
いつ （時間）	A）閉店後翌朝まで棚卸を行い、営業に影響のないようにする
	B）開店を遅らせる、閉店を早めるなど、営業への影響を最小限にする
	C）棚卸を行うために１日閉店する
どこで	店舗、倉庫で
誰が	自社従業員もしくは棚卸専門会社にアウトソーシング
何を	実地棚卸
なぜ	利益を確定し納税する、最新の経営状態を知る、商品管理のため
どの ように	金額棚卸：売価と数量を調査し集計
	単品棚卸：商品のコード（バーコード）をスキャンして数量を調査する

4-2 棚卸の日程

Q 棚卸の実施日程はどのように決めるべきでしょうか？　また、それには法的な規則（制約）がありますか？

A もちろん、決算のための実地棚卸は法律で定められています。しかし、それについても例外事項が認められています。また、年度決算棚卸以外の棚卸は自由に日程を決めることができます。

解　説

1　棚卸の日程を決める

それでは棚卸はいつ行うべきでしょうか。すでに述べたように、会社の決算で利益を確定して、得られた利益から納税するわけですから、年1回期末に棚卸を行うことが法律で定められています。ですから最低でも年1回は義務です。しかし、棚卸を行う月日についてはどうなのでしょうか。決算期末に一斉に行わなくてはならないのでしょうか。

国税庁の法令解釈通達の棚卸の手続には以下のように書かれています。

> 棚卸資産については各連結事業年度終了の時において実地棚卸しをしなければならないのであるが、連結法人が、その業種、業態及び棚卸資産の性質等に応じ、その実地棚卸しに代えて部分計画棚卸しその他合理的な方法により当該連結事業年度終了の時における棚卸資産の在庫等を算定することとしている場合には、継続適用を条件としてこれを認める。

大切なのは、下線で示された後半部分の「合理的な方法により〜棚卸資産の在庫等を算定すること〜を認める」です。つまり、3月決算なら3月31日、12月決算なら12月31日でなくてもよいとしているわけです。しかしそうはいっても決算期からあまりにも離れていてはいけないということで、複数の店舗や事業所を持つ3月決算の企業は、3月に集中して行うということが多いのは事実です。

　しかし合理的な方法、つまり数値に信頼性があるかどうかで期末近辺で集中的に行うことは必ずしも必要としません。実際、大手小売業では12か月を通して棚卸を分散して行うところもあります。チェーンストア小売業では、企業規模の拡大つまり店舗数の増加により棚卸の日程分散がよりよい選択と判断することもあるでしょう。

　しかし繰り返しますが、たとえ日程を分散したとしても棚卸資産の数値が合理的に求められたものであり、かつ信頼性の高いものでなくてはなりません。

　一方、決算棚卸以外は、企業が利益管理や商品管理のために行うものですから、棚卸の日程は自由に決めることができます。したがって繁忙期は避けて、業務にゆとりのある時期を選んで行うことになるでしょう。週末に大勢の顧客が来店するような小売業であれば、週末は避けるのは当然のことです。

図表4-4　日程分散のメリットとデメリット

	メリット	デメリット
日程分散	・本部社員など店舗従業員以外の人員を有効に活用できる ・不明ロス調査に人員を割きやすく十分な調査ができる ・問題を発見した場合、他の店舗へも同店舗と同様に迅速に対策ができる ・棚卸専門業者のコストを最小限にできる ・棚卸専門業者の高い品質のサービスを受けられる	・実地棚卸から締め日の間の売上・仕入データの差引き処理を個別に行う必要がある
一斉棚卸	・各店舗の売上・仕入データは一様に扱うことができ、手間が少ない	・本部社員の応援に限度がある ・棚卸以後のロス調査を十分にできる体制が作りにくい ・棚卸専門業者のコストが高くなる ・臨時アルバイト、取引先応援などを活用することから棚卸の品質が担保されにくい

2　日程分散のメリットとデメリット

さて、棚卸日程を分散することには当然メリットとデメリットがあります。最も大きいメリットは、本部社員など限られた店舗以外のスタッフを活用できることです。棚卸時期を短期間に集中させると本部社員の応援は難しいだけではなく、本来の彼らの業務に支障をきたします。一方、デメリットは実地棚卸から締め日（3月決算なら3月31日）までの期間の販売および仕入データの差引き処理を店舗ごとに個別に行う必要があることです。その期間が長ければ長いほど作業量が増えるだけでなく、データの信頼性を損なう可能性も否定できません。したがってこれらの業務のシステム化が必要となります。

さて、棚卸をいつ実施するかは、経営戦略上も重要な課題といえます。店舗数が多い場合、棚卸の日程分散がよりよい選択と判断することもあると書きましたが、そのメリットとデメリットを整理すると**図表4-4**のようになります。

3　日程分散の条件

日程分散を採用するのであれば、スケジュール化は年間計画の中であらかじめ決めておくべきものです。残念ながら1年間の棚卸実施日が年間計画の中で決められている企業は多くありません。52週の販売促進活動を含む営業計画が立ててあれば、その中で無理のない日程を選択するのはさほど難しいことではありません。ところが営業計画を立てる部門と棚卸の日程を決める部門が異なり、その調整がスムーズに行われないのです。もしも営業計画がずさんで、その場しのぎのようなものでは棚卸日程を決められないのも当然でしょう。しかし、年間の売上や経費、利益予算に基づいた方策として営業計画が立てられているのであれば、店舗運営の全体計画の中で棚卸日程を決めることは可能であり、それは重要です。なぜなら、できる限り営業上の影響を少なくし、店舗運営の負担を軽減できるからです。

繰り返しますが、棚卸の目的は財務上の目的、すなわち"利益管理"と商品管理すなわち"数量管理"です。しかし、それだけではありません。収益改善とロスの削減、およびそのレベルを維持そして改善していくために戦略的に棚卸を活用することを考えてみましょう。ロスを削減してそのレベルを維持するにはロス・プリベンション（ロス対策）の専門部署を設けることが有効な方策の

1つです。詳細は「ロス対策」の章で述べますが、ロス対策は店舗を中心とした非常に広範囲な業務に関わっています。

　日程分散ができない大きな理由の1つに、監査法人、実際にはその監査法人から派遣された会計士が認めないということがあります。日程分散を認めない理由の多くは、継続記録帳簿の精度が低い、つまり日次での商品管理レベルが低くその数値が信頼できないと判断するからです。だから日程は決算日に近いところのこの範囲でやりなさいと指導されるわけです。

　現状はこのような問題を解決できないためにという消極的な理由から仕方なく決められた日程幅の中で集中的に棚卸を行う企業も多くあります。

　もしそうであるなら、継続記録帳簿の精度を高めるために管理システムを変更し、管理レベルを向上させるために行動すべきです。

4　戦略的な取り組みとしての棚卸日程分散

　チェーンストア経営のオペレーションの核心の1つは標準化です。道具や手順ルールを標準化し、例外やばらつきをなくすことが重要です。易きに流れるのではなく、管理レベルをより高くしていく努力が必要となります。

　計画的な日程分散ができれば、ロス調査についても専門の部署でより詳細で緻密な調査分析ができます。その結果、的確な対策を打ち出すことができ、ロスの削減、そして収益の改善が実現するはずです。決算日までぎりぎりの限られた日程の中で棚卸をすれば、ロス調査もおざなりにならざるを得ません。経理部門は決算処理のタイムリミットがあり、管理部門はロス調査のために人を割くことは難しいのです。何といっても多数の店舗を同時に調査することは事実上不可能です。

　営業部門は前期の結果よりも新しい期への業務が中心になり、定期の人事異動も年度末前後に発生することでしょうから、引継ぎ業務に忙殺されてロス調査は不十分なままに終わってしまうでしょう。異動によっては責任の所在もあいまいなままになることすら十分に考えられます。

　一方、一定の店舗数を毎月、計画的に棚卸をすれば、専任者を置いて問題のある店や部門を徹底的に調査することができます。専門的に行うので、ロスの原因や事例を分類し、体系化できます。それらを利用して正しい原因を究明し

図表4-5　日次管理の重要性

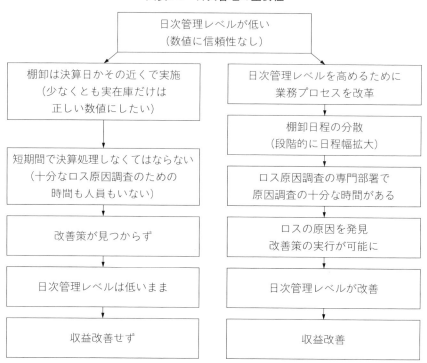

効果的な対策を見つけることができるでしょう。

　またその対策は調査した店舗にとどまらず全店舗に波及させることができるので、改善効果も飛躍的に大きくなるでしょう。このPDCAサイクルを1年中回すことでさらに改善のスピードが高まるはずです。

　前提は内部統制のとれた精度の高い在庫管理システムを継続的に運用することです。ならば内部統制が十分にとれていないから一斉に棚卸をしなくてはならないと考えるのではなく、内部統制のレベルを向上・改善させるためにロス・プリベンションの専門部署を設け、棚卸日程の完全分散化を推し進めるべきです。棚卸が終わってしまえばそれでよしというものでは決してありません。棚卸の結果をもとに経営上の課題を発見し、改善するサイクルをできるだけ速やかに回すことが望ましい姿です。

Column 5　数えなくていいかも

　棚卸はほとんどが数を数えるものですが、中には「1個、2個…」と数える
ことが大変なものがあります。例えばネジやクギといったものも、頑張れば数
えることができなくはないのですが、その労力と数えるコストを考えるとどう
しようかなと思ってしまいます。

　棚卸には多くの人手が必要で、それに伴う人件費も相当な額になります。あ
なたは1時間にいくつものを数えられるでしょうか。例に挙げたネジを想像し
てください。ホームセンターでは袋入りだけではなく1個から買えます。また、
スーパーマーケットでは子供用の駄菓子を20円で買うことができます。

　さて、話を戻して、あなたは1時間に商品をいくつ数えられますか。500個で
しょうか。1,000個でしょうか。1秒に1個数えて1時間に数えられるのは3,600
個です。これは無理としても1時間に1,000個数えられるとしましょう。

　最低時給は地域によって異なりますが、900円前後です。もちろん、最低時給
ですから、全員がこれ以上の賃金を受け取っています。1,000個を数えるコスト
はおよそ1円です。最低でも1円です。それも、数えるだけで。

　後でも出てきますが、日本における小売業の営業利益の平均は2％程度です。
つまり100円のものを販売して2円しか利益がないのです。20円のものなら…
そうです、「数える」だけのコストでさえ赤字になってしまうのです。

　では解決方法はないのでしょうか。数えるのをやめてしまって目見当にする、
量り売り商品などは重さで計るなど棚卸を簡略化することもできます。

　より精度を高める方法はないでしょうか。それは重量センサーです。実際に
アマゾン・ゴーというレジのない店ではカメラと重量センサーを用いてお客が
どの商品を手に取ったのかを即座に検知します。もし陳列棚の商品ごとに重量
センサーを設置できればリアルタイムで在庫を把握できます。先ほどのネジや
クギでさえ数量を正確に測定することが可能です。もしこの技術が一般化すれ
ば、近い将来売場の実地棚卸が不要になるかもしれませんね。

4-3 棚卸のアウトソーシングとは

Q アウトソーシングそのもの、そして棚卸のアウトソーシングとはどのような
　　ものなのでしょうか？

A アウトソーシングとは業務の代行や人材の派遣とは異なり、業務の企画・設計
　　から運営までを外部の会社に委託することです。棚卸も同様に、棚卸会社のシ
　　ステムを利用して棚卸の実行まで任せてしまうものです。

解　説

1　アウトソーシングという選択

　実地棚卸は年に数回しか行われず、従業員の経験の蓄積もできにくい作業で
す。したがって、当日の作業を外部の専門会社に委託する企業も多くあります。

　1980年近くまでは棚卸をアウトソーシングしようという考えもなく、実地棚
卸は自分たちで行うものだという考えが支配的でした。もともとアウトソーシン
グを受ける専門企業もなかったのです。

　自社で行う棚卸は従業員教育もその目的の1つであり、自分の手で実地棚卸
することで数量管理をし、何が重要かを理解させるために行うべきだと考えら
れていました。

　しかし、本来は日々の発注や補充作業の中で商品管理すなわち数量管理は学
ぶべきものであって、年数回しかない実地棚卸だけでは教育効果は限定的です。

　実際に規模が大きいスーパーマーケットの棚卸では、在庫日数（在庫量）の少
ない部門の従業員や日頃商品管理に携わっていないレジ係の従業員が、生鮮品
や日配品に比べて品揃え（SKU数）が多く、在庫日数も長い加工食品・菓子、
それらに加えて在庫日数がさらに長く、売上に占める割合の低い雑貨類などの
棚卸作業を応援することになります。教育効果といっても大部分が自分の業務
と関係のない作業を担っているわけですから必ずしも教育効果があることを期
待できません。むしろ後述する事前準備をそれぞれの部門を担当している従業
員が厳密に行うことを通して教育効果は得られるはずです。逆に自分たちで棚

卸を行うことを前提とすると当日はなんとかなると考えてしまい、事前準備を
ないがしろにする危険性もあるのです。時代は変わり現在は棚卸をアウトソー
シングすること自体に違和感を持つことはなく、自社棚卸かアウトソーシング
かを自社の状況を考えて選択するようになりました。

2　アウトソーシングの定義

　アウトソーシングという言葉は今では一般的に使われるようになってきまし
たが、実際にはどのような意味なのでしょうか。アウトソーシングの定義とし
慶應義塾大学名誉教授の花田光世博士は、「企業にとって専門的なサービスを外
の組織に求めていくこと」としています。しかし、アウトソーシングに類似し
たものとして「業務代行」「人材派遣」といったものがあります。アウトソーシ
ングはそれらとどのように違うのでしょうか。

　花田博士が提唱している花田モデルと呼ばれる戦略的アウトソーシングモデ
ル（**図表4-6**）では「アウトソーシングとは業務の企画・設計から運営までを外
部の組織に求めること」と
説明しています。

　棚卸のアウトソーシング
は、棚卸サービスの専門会
社が開発したシステムを使
用して、作業プロセスも独
自のノウハウを持つ専門会
社がコントロールします。
だからといって棚卸のアウ
トソーシングは、決して“棚
卸の丸投げ”ではありませ

図表4-6　アウトソーシングの位置付け

ん。店舗とアウトソーサーとの明確な役割分担とそれぞれの明確な責任範囲が
あって成り立つものなのです。店舗は棚卸のための事前準備に責任があり、棚
卸専門会社は正確な棚卸と棚卸データの提出に責任があります。双方の共同作
業があって初めて正確な棚卸データが得られるのです。

4-4 棚卸のアウトソーシングのメリット・デメリット

Q 棚卸を社内で行うかアウトソーシングするか迷っています。どちらがよいのでしょうか?

A 必ずしも棚卸をアウトソーシングするのがよいというわけではありません。自社で行う棚卸と比較し、棚卸をアウトソーシングすべきかどうかを判断する上で検討することは多くあります。そのうちの最大のものは経済合理性、つまりコストです。アウトソーシングにかかる経費とアウトソーシングによって不要になる経費、その他の経済的効果を比較検討する必要があります。しかし、直接的に把握が容易な費用や効果だけではなく、間接的な効果やデメリットもあわせて考慮すべきです。

解 説

1 営業上のアウトソーシングのメリット・デメリット

自社実施では棚卸のために店舗を休業するか、営業時間を短縮するのが一般的です。当然ながら営業しない分だけの販売機会損失が生まれ、売上に対してはマイナスの要因になるといえます。

売場の在庫量が少ない場合は、自社実施が有利と思われます。バックルームなど倉庫や冷蔵庫に保管されているものであれば、事前に棚卸を実施できるからです。ですから、生鮮食品(青果物、肉や魚類)などはアウトソーシングよりは社内で行うほうがよいかもしれません。特に加工前の商品には販売価格や売場で販売するための商品コード(バーコード)などがなく、加工前の原料は計量する方法をとるからです。すべてセンターパックですぐに売場に陳列できる状態の商品であっても売場に陳列している量は決して多くありません。

ただし、休業日を設ける場合は、ある程度品質の劣化もありますので、見切り値下げ(場合によっては廃棄)する必要もあるでしょう。また、見切り値下げを防ごうと売場の在庫を少な目にすると欠品することになり、売上機会の損失も生むことになります。

欠品もいくつかに分けることができます。1つは1個も商品がない欠品です。いや欠品はそのようなことを指しているのではと思うかもしれませんが、そうではありません。1個や2個残っていても、顧客はそれ以上の数量を買いたいと考えていれば、これも欠品です。まだあります。商品が数少なくなってしまい、棚が見えている状態だと、顧客は「残り物」という印象を持ってしまいます。あらかじめ見切り処分のために値下げしているのならまだしも、今まで販売していた価格を変えないと顧客は買わないことがあるのです。これは実際に起きることが確認されています。一方、アウトソーシングすれば休業日を設ける必要もなくこのような問題は生じません。

2　顧客にとってのアウトソーシングのメリット・デメリット

　顧客にとってはどうでしょうか。棚卸のための臨時休業のお知らせは、事前に店舗ポスターなどや折り込みチラシで告知します。しかし、すべての顧客に知らせることはできません。休業を知らずにやってくる顧客は、買物をあきらめるか、他店に行き買物をするかのどちらかを選択しなくてはなりません。

　顧客との関係が強ければ次の機会に来店して買物してくれるに違いありません。しかし少なくない数の顧客は1つの店舗での買物をせずに複数の店舗を利用しています。一度別の店で買物を経験するとその店を気に入り自店に来店しなくなる、もしくは来店する頻度が少なくなってしまいます。

　LTV（Life Time Value；顧客生涯価値）という考え方があります。1人の顧客がその一生の中で買物をする商品の金額は相当に大きなものです。何らかの理由で主に利用する店舗が自店ではなく他の店舗になってしまう損失は大変大きいと考えるのです。顧客にとってのアウトソーシングのデメリットはなさそうです。

3　精度・効率の面でのアウトソーシングのメリット・デメリット

　それでは棚卸の品質ともいえる正確さ、精度という点ではどうでしょうか。もちろん信頼のおける棚卸請負会社を選ぶことで不安は解消できるかもしれません。

　アウトソーサーを選択するにあたっては、同業種・同業態の会社での実績や

実施条件など慎重に確認すべきです。また、明確な作業範囲や作業ルールなどのすりあわせなど、事前の打ち合わせも重要です。

　自社棚卸でも努力次第では満足のいく成果を上げることはできます。しかし、そのためには前提があります。棚卸にかかわる店舗従業員の全員、少なくとも大部分が棚卸の経験や知識を十分にもっているということです。しかし、年に1〜2回しか行われない棚卸ですからそれなりに店舗での勤務期間がないと十分な経験とはいえません。一方、知識という点では事前教育を十分に時間をかけて行うことでカバーできるでしょう。次節の事前教育で説明するように、棚卸の目的と意義を知らしめることが第一です。しかし、これは棚卸をアウトソーシングする場合も同様です。なぜなら棚卸当日以前に店舗ではさまざまな事前準備作業をルールどおり、確実に実行されなくてはならないからです。

　一方のアウトソーシングでは棚卸当日の作業手順やルールなどの教育は必要がないか、あっても限られたものですから、事前教育についての店舗側の負担は減ります。

　商品を数えて記録（入力）する作業については、精度（正確性）が最も重要です。しかし、多数の商品を正確に数えることは必ずしも簡単なことではありません。それは熟練した専門会社のスタッフの方に一日の長があるといえます。

　作業効率においても熟練度合いの差は大きく、どれだけ事前教育に力を入れたとしても慣れない作業では時間がかかってしまうのは仕方のないことです。

　また、社内の棚卸では棚卸の精度（正確さ）や生産性（単位時間あたりの商品を数えて記録する作業の量）について個人個人が評価されることはありません。あったとしても棚卸に誤りがあったときに指摘される程度で、それが本人の評価にかかわることはまれでしょう。

　一方、棚卸を専門にしている会社では、スタッフごとの精度と生産性も日々記録しデータ化しており、1人ひとりのその値が評価の基準の1つになります。また、棚卸チームのリーダーもチームとしてのパフォーマンスで評価されるため、棚卸の正確さと限られたスタッフで計画されていた時間内に棚卸を終了させることで評価されます。

　このような業務に対する動機付けは非常に重要です。店舗の責任者は売上で評価され、部門の担当者も部門の売上が評価の重要な1つであることは間違い

ありません。人間は誰もが自らが高く評価されることを求め、それが仕事に対する意欲を左右します。

図表4-7　棚卸の自社実施とアウトソーシングの比較

	自社内で実施	アウトソーシングの利用
営業	・棚卸のための休業（営業時間短縮による販売機会の損失、生鮮品などの見切り処分が発生）	・棚卸は閉店後翌朝までに完了 ・休業不要で営業にはほぼ影響なし
顧客	・休業により買物ができず不便（場合によっては他の店で買物）	・休業なしで顧客の利便性を損なわない
精度	・不慣れな作業で十分な事前教育と意識付けを怠ると正確な棚卸ができない	・専用棚卸システムと訓練された経験豊富なスタッフによる実施のため、精度が高い
効率	・不慣れな作業で作業そのものが遅いだけではなく、複数の点検ややり直しが発生	・最新の専用棚卸システムと訓練された経験豊富なスタッフによる実施のため、効率が良い
従業員	・残業・深夜勤務発生（夜間実施の場合） ・不正のリスク ・棚卸作業は評価の対象にならない（精度・生産性に対する動機付けがない）	・従業員の勤務へ影響は最小限（準備作業はあるが自社棚卸でも同様） ・第三者なので不正に対する動機がない ・棚卸スタッフは精度と生産性で評価されるために、精度・生産性に対する動機付けがある
費用	・社内コストのみ（ただし事前教育や他店舗・本部からの応援コストあり） ・棚卸用の端末（発注用の端末で不足する場合）	・社内コストの他にアウトソーシングコストが必要となる

4　従業員にとってのアウトソーシングのメリット・デメリット

　自社棚卸の場合は本来の業務以外に棚卸にかかわる業務を行わなくてはならないため、労働時間の長時間化などの負担への配慮が必要でしょう。もちろん

棚卸準備についての業務負担は店舗従業員にはかかります。ただし、自社棚卸でも同様に事前準備は必要となります。それを怠るとどちらの方法を選択しようとも正しい数値は得られません。

　内部不正の問題にも触れておく必要があります。ロスの原因としての内部不正は無視できない存在です。内部不正はあってはならないことですが、棚卸での不正はいくつかの動機で発生します。1つは不正な商品の持ち出しなどを隠蔽するものです。不正に商品を持ち出すと当然それは不明ロスとなります。もし詳細な調査が入った場合発覚する可能性もあるため、架空の在庫を計上してしまうのです。同様に不正が起きるのは自店、もしくは自分が担当する部門の売上総利益とロスを見かけ上よくしようという動機です。個人の成績評価にこれらの数値がある場合に単独で棚卸票を作成して棚卸在庫に計上してしまうという可能性があります。

　棚卸のアウトソーシングでは少なくとも作業する側には在庫について不正計上する動機はありませんし、商品の実物のカウントとデータ入力を行うだけです。しかし、アウトソーシングしたとしても、不正の可能性は残ります。事前準備の段階で倉庫や引き出しの在庫は事前に店舗担当者が数えリスト化する場合です。事前準備はアウトソーシングするかしないかにかかわらず、店舗で行うものです。予防処置としては、抜き取りチェック作業を外部に委託するという方法もあります。

5　費　　用

　費用の面では明らかにアウトソーシングを使うほうが多くなります。社内の棚卸では基本的に内部の経費ですから。ただし、内部といっても従業員の人件費は発生しますし、備品・消耗品のコストもありますからゼロというわけにはいきません。それでも内部で棚卸を行うほうがコストはかからないのです。

　自社で棚卸を行う場合とアウトソーシングのコスト比較項目の一覧を**図表4-8**に示します。当然棚卸の実施方法や売上などの条件はさまざまですから、それぞれの企業がそのメリット・デメリットを十分に検討した上で結論を出すべきでしょう。

図表4-8　棚卸のコストの比較のための項目例

	自社実施	アウトソーシング
アウトソーシング費用	なし	外注費用 ＝基本料金＋従量料金（例） （数量かデータ件数ベース）
店舗人件費	棚卸作業直接人件費 ＝人数×時間×時給単価 （深夜・時間外・休日手当）	店舗立合い者直接人件費 ＝人数×時間×時給単価 （深夜・時間外・休日手当など）
監査コスト	監査（本部立合い）旅費交通費	基本的には自社実施と同様
事前準備	棚卸事前準備作業費用	基本的には自社実施と同様
道具・消耗品	道具、消耗品（棚卸票各種、筆記具、端末など）	道具、消耗品のみ（事前準備に使用するもののみ）
集計業務	集計処理（人件費、場合によっては集計のみ外注）	なし（サービスに含まれる）

　コスト比較についてはそれぞれの企業内部で行われていますので、公表されることはありません。オープンになったものはまれで株式会社富士通総研の「アウトソーシングコスト削減効果分析調査報告」（平成9年度通商産業省委託調査）では、詳細は省きますが、スーパーマーケットの事例では25.6％のコスト削減効果が、ホームセンターでは50.1％の削減効果が得られたとなっています。

4-5 棚卸のための事前教育

> **Q** 棚卸作業は日々行っている作業とは違うため、思ったより時間がかかったり作業中も質問が多く間違った方法での棚卸も見られます。これを解決するにはどうしたらよいでしょうか？

A 事前準備も含めて、棚卸作業の主体はあくまでも店舗従業員です。ところが、棚卸は初めてという従業員は意外と多いのです。ほとんどの場合、棚卸は年に1〜4回しか行われませんから、初めてではなくとも以前棚卸をした時の記憶も不確かです。これを解決するためには棚卸についての事前教育が欠かせません。

解 説

1 棚卸の目的とその重要性を教える

日々の業務とは異なる棚卸ですから、事前に棚卸のための教育が必要なのはいうまでもありません。また、棚卸に関係するすべての従業員にもれなく周知されなくてはなりません。

どんなに立派な計画を立てても作業をする1人ひとりがルールや手順を遵守しなければ正しい結果、すなわち精度の高い実在庫データを得ることはできません。

もちろん作業の手順や守るべきルールをしっかりと教え込み、そのとおりに例外なく実行してもらえるようにしなくてはなりません。実はそれ以上に重要なことがあります。それは「なぜ棚卸をするのか」であり「棚卸がどれほど重要なのか」です。いや決められたとおりに自分が担当したところを確実にやってもらえればよいのではないかと思うかもしれません。

しかし、棚卸の作業は準備から最終的な集計まで多くの人が関わる分業体制で行われます。それぞれが異なった役割を担うわけです。しかし、棚卸の目的や重要性は共通のものです。その理解が十分でないと勘違いや手抜きが発生し、大きなミスにつながりかねません。従業員は自らが行う棚卸の作業の目的がわ

かれば、その目的を実現しなくてはならないと考えます。またその重要性を知ると、自分の誤りが棚卸に影響を与えるかもしれないと考えます。目的もわからずに「この場所の数量をカウントしてこのリストに記入しなさい」「間違えてはいけません」との指示に従って棚卸作業を行う場合、間違うとどんなことになるかを理解していませんし、その重要性もわかりません。また、一部の商品のカウント漏れをしても、なぜカウント漏れをしてはいけないのかを理解していなければ、「間違いなく全部やりました」と虚偽の報告をしても罪の意識はあまりないかもしれません。むしろ時間内に作業を終えなければならないとの指示がある場合は、時間内に終わらせることを優先してしまうかもしれません。

　正確に棚卸を行うことがどのような意義があり、棚卸の結果がどのような結果につながるのかを理解させることは棚卸の事前教育を行う上で最も重要な点です。

　ある店舗の従業員が全体の棚卸がまだ終わっていないが、自分が割り当てられた場所が終わったので、自分が通常担当している商品の整理を始めました。翌日は営業ですから、そのための準備をしておこうと考えたのでしょう。またここはもうカウントが終わっているから問題ないと判断したのでしょう。しかし、棚卸作業においてはカウントが終わったからといって商品を別の場所に移動させてはなりません。棚卸責任者が最終的な確認を行い、棚卸の終了を宣言するまでは商品を移動してはならないのです。データを点検して疑問があれば再び調査をするのは当然のことです。その前に商品を移動させてしまっては、正しくカウントされていたのかどうかがわからなくなってしまいます。このように棚卸の目的を理解している人にしてみれば常識と思われるようなことでも、1人でも理解せずに行動する人がいれば棚卸全体の正確さは信頼の置けるものではなくなってしまうのです。

2　事前準備の教育の重要性

　棚卸の事前教育は棚卸の前に行えばよいというのは間違いです。事前準備は通常、店舗従業員が自分の担当部門や売場を対象に行うので、教育はいらないと思われるかもしれません。しかし、部門や売場によって事前準備のやり方にばらつきがあると棚卸当日には混乱が生じ、ミスを誘発します。また、問い合

わせが増えて計画どおりの時間で終わらなくなるかもしれません。ですから事前準備を担当する店舗従業員への事前準備のための教育は、当然のことですが事前準備を開始する前に行わなくてはなりません。また、店舗従業員を対象にした事前教育は、より詳細にルールが定められており、例外なく実施できるように、マニュアルを作成し、マニュアルに沿って教育することが求められます。店舗従業員は事前にマニュアルを読み、理解した上で事前教育に臨むことで、ルールどおりの事前準備ができます。

3　教えることは少なく

　棚卸日に行う棚卸作業のための事前教育は重要です。事前教育を行う人は情報量の多いマニュアルに基づいたものを使いますが、事前教育を受ける側に対しては情報量を少なくして、できれば紙1枚程度の情報量にすることが大切です。

　なぜなら棚卸作業経験の少ない従業員に複雑な作業を要求することは「ミスをしてくれ」と言っているようなものだからです。では、教えることを少なくするためにはどうしたらよいでしょうか。

　作業手順をできるだけシンプルにして分業を明確にします。1人が複数の作業をしないことが肝要です。ですから棚卸の目的と意義は全員が共有する一方で、覚えなくてはいけない作業方法についてはできるだけ単純化・標準化し、誰が行っても同じ結果になるようにすべきです。

　あまり推奨したくはありませんが、店舗スタッフだけでは人員不足のため、臨時のアルバイトや人材派遣を使うという場合もあるでしょう。その場合も事前教育は必要です。とはいえ、1日だけの作業ですから、事前教育に時間をかけるわけにはいきません。簡潔に棚卸の目的と重要性を説明し、具体的な作業の種類を1つもしくは2つだけ教えてそれ以外の作業をしてはならないと指示すべきです。それなら短時間で事前教育が可能でしょう。

　もちろん実際の棚卸作業の中で指示命令者が明確に定められていないと危険です。事前に教育された作業のみを行うことを前提にしていた作業者に気軽に別の作業を頼んだりすることは決してないわけではありません。頼まれれば「いや」といえないのが人間です。手順や方法も知らないにもかかわらず頼まれ

た作業を行えば、ミスにつながるであろうことは容易に予想ができます。

　それ以外にも本部や取引先からの応援者も同様です。本部の人間だからその
くらいのことは知っているはずだと考えるのは危険です。また取引先からの応
援者も担当している商品については詳しいから大丈夫だろうと考えてはいけま
せん。商品知識があることと棚卸の知識があることとはまったく別物です。自
分はよく知っていると思っている人ほど勘違いや大きなミスをしがちです。

4　基本動作と安全

　詳細は第 6 章第 3 節で解説しますが、作業の安全に関する注意も必要です。
どんな作業においてもケガの可能性はあるものです。棚卸作業はいつも行って
いる作業とは異なる点が多いので、油断しないように指導しましょう。

図表4-9　共通のルール（遵守事項）の例

- 自分のリーダー以外の人からの指示に従ってはいけない（その場合はリーダー
  を呼んで対処してもらうこと）。
- 持ち場を離れてはいけない（もしどうしても離れなくてはならない場合には
  リーダーに報告し、その許可をもらうこと）。
- 指示された作業が終わった時には、その都度リーダーに終わったことを報告し
  次の指示に従うこと。
- もし作業中にわからないこと、疑問に思うことがあったらリーダー以外の人（例
  えば隣で作業している人）に聞いてはいけない（必ずリーダーに尋ねること）。
- もし棚卸中に商品を棚から落とすなどして破損させた場合は、速やかにリー
  ダーに報告すること（決して自分で判断して片付けることなどしてはならな
  い）。
- もし指示された時間内に割り当てられた場所の作業が終わらなくとも、決して
  急いではならない。どうしても時間内に終わらない（終わりそうにない）場合
  は、リーダーにその旨報告し、指示を仰ぐこと。

4-6 棚卸実施のための組織

> **Q** 棚卸を行う上で役割はいろいろありますが、どのように役割分担すべきか、また、組織的に棚卸を行うにはどのようにしたらよいのでしょうか？

A 棚卸のための役割分担は、日常の業務とは異なり、棚卸を行うときだけのものですから、指示命令や機能などについては軽視しがちです。しかし、統制が取れていないと迅速にそして手順どおりの精度の高い棚卸を行うことは難しいのです。棚卸のための組織を作り、それを運営することは必須です。

解　説

1　組織づくりの考え方

　店舗の従業員によって棚卸を行う場合も、アウトソーシングを利用する場合にも通常の店舗運営の組織をそのまま実地棚卸にあてはめるのは現実的ではありません。その理由は日常の業務と異なる作業を行わなくてはならないだけではなく、作業量も大きく異なるからです。棚卸作業の中で最も大きな割合を占めるのは商品を「数える」、そして「記録する」です。商品回転率の高い部門は売上高に比較して商品在庫は少ないですし、その逆に商品回転率の低い部門は売上高に比較して商品在庫は多くなります。もし、日々の店舗運営組織をそのままにして、つまりそれぞれの従業員が所属する、もしくは担当する部門の棚卸を行うとすれば、棚卸作業が短時間で終わる部門もあれば、1日かかっても終わらない部門もあるでしょう。作業量や作業の目的が通常行われている店舗運営とは異なるので棚卸作業のために最適な組織をつくる必要があるのです。

　ただし、単に作業量の多い部門を応援するといったやり方では責任の所在もあいまいで正しい作業が行われない恐れがあります。

　自分が担当している部門の棚卸を1人で行わせることは良いことではありません。なぜならそこに不正が生じる可能性があるからです。不正が発見されないようにしようと、さまざまな工作をすることもないわけではありません。私的に使うため、もしくは金銭に換えるために商品を持ち出した行為を隠匿しよ

うとするからです。いえ、それだけではありません。自分が担当している部門の棚卸結果が個人の評価に影響する場合もあります。つまり個人に与えられた売上総利益高（率）の目標を達成できない可能性があるときには、架空在庫を計上するといったことも実際にあることです。

　したがって、棚卸を行うための明確な指示命令系統とそれぞれの責任者の任命、および責任の内容を明らかにしておかなくてはなりません。

2　役割と機能

　棚卸実施当日の全体の作業のうち最も大きな役割を占めるのは商品の数を数えて記録することだとすでに述べました。次に大きな作業は検査です。つまり記録された数量が検査した数値と一致しているかどうかということです。

　一方、これらの作業がスムーズに行われるようにするために進行管理や作業指示を出す担当、商品マスターや棚卸データの処理をする担当、使用する用紙や必要な備品などを配布、回収する担当、棚卸終了後の売場清掃をする者、棚卸中に見つかった不良品を回収するといった者も必要です。

　そこで一般的な棚卸組織の例を示します。またそれぞれの役割について説明します。

(1)　棚卸総責任者

　棚卸実施店舗の店長、もしくは店長から任命された者を定めます。本部や他店舗から応援に来た者もすべてその指揮下に入らなくてはなりません。本部から来た者が勝手に指示を出してしまい、混乱を招くようなことがありがちです。明確に権限と責任を定め、周知・徹底すべきです。また、総責任者はできる限り他の業務を担当しないようにします。当然すべての売場、倉庫にある商品についてもれなくカウントを完了させる責任を負います。役割は全体の作業の進捗や内容、人員の状況などを把握して指示を出し、報告を受けることです。特定の業務を兼ねると本来の役割を果たせなくなってしまう恐れがあるからです。大型店で多人数の組織の場合は、その下にカウント責任者や進行管理や作業割当ての補佐を置くことがあります。

(2)　チームリーダー

　大型店では、売場をいくつかのエリアに分けてそれぞれにチームリーダーを

置きます。カウント作業者が正しい手順でカウントしているか、進捗状況はどうかを確認し、必要に応じて指導や作業割当ての変更をします。特にカウントの重複や漏れについては重点的に確認します。棚卸のアウトソーシングを利用する場合は主にカウントの部分、つまり**図表4-10**に示された範囲を委託するのが一般的です。ただし、バックルーム（倉庫）売場内のストッカー（引出しなど）を事前に店舗でカウントしておく場合は、その部分の検査を外部の第三者に委託するのも効果的です。

図表4-10　棚卸実施のための組織の例

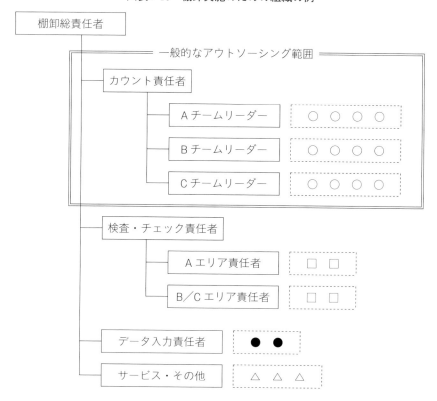

(3)　検査・チェック責任者

カウントが終わった部分についてカウント数量が正しいかの点検をします。全品のチェックを行うか、それとも抜き取りチェックを採用するかは、商品の

種類などによってルール化しておくべきです。当然全品の数量チェックはそれ
だけ時間がかかりますから、ルールの決定に際し考慮しておくべきでしょう。

　検査・チェック責任者は作業の進捗管理を行い、必要に応じて作業割当ての
変更を行います。検査・チェックはカウント作業よりは作業量が少ないので、
1人でより広範囲の売場を担当することが可能になります。

⑷　データ入力責任者

　データ入力責任者はカウントしたデータを集めて入力する作業を統括します。
特にすべてのデータが漏れなく、重複なく入力されるように監督します。

⑸　サービス・その他

　対象とする商品や棚卸方法によって必要な役割が異なりますが、あらかじめ
担当者と指示命令系統を明らかにしておかないと無用な混乱を生むことになり
ます。組織の規模によっては1人で複数の機能を兼ねたり、さらに役割を分割
することも考えましょう。求められる機能の例を**図表4-11**に示します。

図表4-11　主なその他の役割

役割・作業	説　　　明
棚卸票管理	棚卸票の配布と回収を記録し、未回収分を明らかにする。
機器、用紙、備品の準備と管理	棚卸に必要な端末・用紙・備品などの準備、配布、回収を行う。棚卸本部の机やいすの設置と片づけなど。
不明品・不良品処理	不明品については必要な情報を調べ処理する。摘出された不良品を処理する。
システム処理	棚卸に必要な商品マスターデータや理論在庫データ、棚卸データの取得や回収、送受信処理を行う。
清掃・メンテナンス	棚卸終了後の床、棚などの清掃やゴミ回収。

Column 6 災害用備蓄品の棚卸

　日本は地震が多く、台風による風水害などの自然災害も多く発生します。対策として地方自治体や企業などでは万が一に備えて災害備蓄品を保管しています。ところが保管されている備蓄品の管理はなかなか大変です。保管されている備蓄品はどのようなものでも経年劣化していくものです。特に飲料水や食品は災害対策として通常の商品よりも長期間の保存に耐えるようなものです。いつも使うものではないので、一度購入して保管してしまうと点検がおろそかになりがちです。また、保管庫の温度や湿度によってはカビなどで備蓄品が使えなくなっているかもしれません。災害が発生するまでは使用場面はありません。使わないで済むことが最も良いことですが、一方で長期間災害が発生しないと災害用備蓄品の管理（数量と品質管理）は優先順位も低く後回しにされがちです。実際、国や地方自治体でも保管されている場所が各地域にあるために定期的な管理は悩ましい問題です。

　企業や事業所、店舗でも同様に災害備蓄品は必要です。水は1人あたり1日3リットルを3日分、食品も同様に3食3日分、火を使って調理をしなくても食べることができるもの、それに全身を温めるための毛布などが必要とされています。交通機関が使えずに家に戻れないこともありますから、職場に災害備蓄品は不可欠です。小売業では商品の棚卸は決算上必ず行わなくてはなりませんが、同様に災害備蓄品の棚卸も定期的に行いたいものです。

　家庭ではローリングストックと呼ばれる方法で定期的に新しい食品などを購入してそれまで保管していたものを先に使用します。つまり「先入れ先出し」ですね。

　食料品や飲料水の他にも用意しておくものは多くあります。非常用トイレとトイレットペーパー、歯ブラシ、生理用ナプキンに加えて、ケガや病気の対策として常備薬や絆創膏、包帯なども必要です。また、ラジオ、懐中電灯とそのための電池や携帯電話を使用するためのモバイルバッテリーなどの電源の確保も重要です。

　こうして見ると、揃えておくべきものがとても多いことに気がつきます。皆さんもぜひ災害用備蓄品のリストを作成し、定期的に実地棚卸をしましょう。

第 5 章

実地棚卸の準備

5-1 棚卸の事前準備とは

> **Q** 棚卸当日の作業をできるだけスムーズに行うためには事前にどのような準備が必要なのでしょうか?

A 事前準備の出来・不出来が棚卸自体を成功させるかどうかを決めるといってもいいでしょう。事前準備で行わなくてはならないものに事前準備そのもののスケジュール化、備品・消耗品の用意、商品の入荷コントロール、バックルーム整理、売場の準備、棚卸用レイアウトマップの準備などがあります。

解 説

1 事前準備の前に

　実地棚卸の目的として「不良商品の摘発」や「売場の不具合の発見と改善」を挙げる類書があります。もちろん棚卸は、そのような作業を行う機会にもなります。しかし、少し考えてみてください。実地棚卸は年に数回しかありません。そうなると、場合によっては不良品や売場の不具合は数か月、いや場合によっては1年近くも放置することになります。

　そういった作業は本来、日々のオペレーションの中に組み入れられているはずです。例えば、陳列棚にはプライスカードが付いているはずです。しかし、実際にはプライスカードが付いていなかったり、陳列されている商品と一致していない場合もあります。

　棚卸前だからその前に点検しておこうというのは決して間違いではありません。しかし一方で棚卸前だからその前に点検しておかなければと考えるのは少しおかしい気がします。本来売場をあるべき姿にするのは顧客のためです。そのことを今一度考え直してみてはいかがでしょうか。

2 売場をあるべき姿に

　とはいえ、棚卸の実施前には売場をあるべき姿にしなくてはなりません。棚卸をしていると、手前の商品の奥に、また隣に陳列されている別の商品がある

ということが少なからずあります。補充作業のときに入荷した商品が入り切らなかったのでしょう。あと1個か2個なら、隣にスペースがあるのだからと押し込んでしまいます。もし棚卸のカウントの際に誤ってその商品を手前にある商品と同じと判断してしまうとすでに述べたように逆ロスとロスが発生します。

　もし手前の商品がすべて売れてしまえば、残った商品とプライスカードの表示とは一致しません。買物客がそれと知らずに商品を購入してしまい、売価違いでクレームにならないとも限りません。ですから日頃から異なる商品を隣の商品の空いたスペースに陳列することはしてはならないことです。

　このようにプライスカードの点検、メンテナンス作業や商品の陳列整理作業（フェイスアップ）は、日々の商品管理作業として当然行われていなくてはなりません。

　消費期限（賞味期限）の切れた、もしくは定められた販売期限を過ぎた商品や汚損した商品が実地棚卸で発見されることがあります。これも同様です。もちろん棚卸で発見してそれを売場から撤去するのは当然ですが、これも毎日の補充作業や商品を整理する作業の中、もしくは発注時に行うなど定期的にそして計画的に行うべきです。

3　日々の整理・整頓

　しかし売場だけではありません。バックルームにある返品すべき商品や廃棄処理しなくてはならない商品の処理も棚卸があるから行うというものではありません。週次もしくは月次で作業計画に組み込まれているべきなのです。

　棚卸があるからと慌てて直前に行うものでもありませんし、棚卸作業中に行うものでもありません。

　こうして考えてみると実地棚卸だからといって特別にそのときだけ事前準備しなくてはならない作業量はさほど多くはないことに気づきます。とはいえ上記のような作業が日頃からできていない現状もあるでしょう。ここで述べた作業が事前準備として必要なことは間違いありません。しかし、日々の管理レベルが高ければ、作業量は間違いなく減ります。棚卸の事前準備の大変さの経験は、日々の管理業務が不十分であることへの気づきとなり、よい反省の機会になるかもしれません。

5-2 事前準備のスケジュール化

Q 棚卸当日に向けての準備はどのくらい前から始めたらよいのでしょうか？

A 店舗の規模、取扱商品とその量、従業員数などいくつかの条件を考慮した上で
スケジュール化しましょう。店舗は通常の営業をしているわけですから、それ
に影響を与えないようにしなくてはなりません。事前準備を短期間で行おうと
すると必ずしもうまくいきません。解説でその例を示しますが、期限は明確に
して例外なくスケジュールどおりに実行するために十分な時間と人を割り当て
ることが肝要です。

解 説

1 事前準備は複雑

　棚卸前に行うべき作業は日々の作業で行わないものが多く、そして多くの種
類があります。部門横断的に行わなくてはならないものもあります。ですから
作業順序も含めて大変複雑です。どれか1つでも欠けると棚卸の正確さに悪影
響を与えかねません。棚卸に関係する店舗の全従業員に具体的に事前準備の内
容がわかるようにしなくてはなりません。ですから誰が担当し、それをいつま
でに行うべきかを示した一覧表を作成しましょう。もちろん棚卸実施責任者が
1人で作成するのではなく、それぞれの部門マネジャーが集まって1つひとつ
確認していきましょう。

　繰り返し行う棚卸ですから、行うべき事前準備作業も基本的には変わりませ
ん。ですから一度作成した事前準備スケジュールの具体的な作業の完了期限や
日時と、他のわずかな変更点を修正するだけで次回も利用できるはずです。

2　スケジュール表の作成の範囲

　スケジュール表は事前準備に限ったことではありません。それに加えて棚卸終了後に行わなくてはならない後処理までを一覧化しておくべきです。

　ここで具体的な例を示します。もちろん企業によってはこれらの項目では足りないかもしれませんし、逆に不要なものもあるでしょう。また、必要な作業時間や事前準備作業の順序も異なるかもしれません。理解してほしいのは、これだけ詳細に作っておくと棚卸作業が効率よくできるだけでなく、正確な棚卸結果を得られるということです。

　これに担当者を書き込めば、自分が何をすべきかがより明確になります。

　実はこの後に理論在庫と実在庫との差、つまり不明ロスがどのくらいあったのか、その原因はどこにあるのかといった検証が必要です。これについては改めて別の章で説明します。

図表5-1　棚卸における事前準備・事後処理作業のスケジュールの例

	実 施 事 項
8週間前 までに	(1)　棚卸に必要な資材・機器の棚卸実施のための不足分の発注 (2)　前回使用棚卸マップの受取り確認
4週間前 までに	(1)　バックルーム、売場事前準備作業のスケジュール化と部門別作業割当ての決定と周知 (2)　長期未引取り（預かり）品の顧客への引取り要請のための連絡
14日前 までに	(1)　棚卸事前教育（説明会）の実施 (2)　売場、バックルームのレイアウトを実際に確認しロケーション番号を割り振った棚卸マップの作成（または前回使用したものの修正） (3)　破損品、欠陥品などの取引先（もしくは物流センター）への返品処理 (4)　注文、配送承り品伝票の整理 (5)　棚卸に必要な資材、機器の各部門への配布 (6)　BR作業割当表と棚卸マップ掲示確認 (7)　BR用棚卸資材、機器の各部への配布 (8)　不足する脚立があればレンタルする (9)　BRの不稼働在庫を数え、バーコードと数量ラベル貼付開始

7 日前まで でに	(1) 仕入先に荷受けストップの案内（一部商品を除く） (2) 店舗間の商品移動、返品ストップの案内 (3) 棚卸当日の照明・空調設備および警備手配確認 (4) 棚卸組織図の完成（各人の役割が明確になる）および各人への伝達と掲示
3 日前まで でに	(1) 各種納品振替などの伝票類に（棚卸前）スタンプの押印指示 (2) BR 準備状況の確認（必要に応じて作業スケジュールと人員の調整） (3) BR にある空箱をすべてたたむ。空箱として保管しなくてはならないものは 1 箇所に集める (4) 売場・BR 以外の場所をチェックし、カウントすべき商品がないか確認（事務所や休憩室など） (5) 売場の価格表示確認と修正、商品マスター未登録不備の有無の確認
前日まで に	(1) 売場用棚卸資材・機器の各部門への配布 (2) 各種納品振替などの伝票類の整理、回収、棚卸前後区分の確認 (3) 納品されずに伝票だけ届いているものを分別しておく (4) 顧客注文日で売上計上されているものを分別して「棚卸除外」と表示する (5) 売場の空箱をたたみ撤去する（もしくは陳列台として使用してたたむことができない場合は「空箱」表示をする (6) 棚上在庫、売場引き出し内在庫のカウント（前提は棚卸前は商品を動かさないので事前に注意しておく）
当日開始 前までに	(1) 作業開始前最終打ち合わせ（全体朝礼での指示確認、チームごとの作業割当てなどの最終確認） (2) 事前準備最終確認 (3) 棚卸マップの最終確認と修正 (4) 監査打ち合わせ (5) 会計監査の実施
実施後翌 日までに	(1) 各種納品振替などの伝票に（棚卸後）スタンプの押印開始 (2) 再カウント、データ変更があった場合のデータ入力とロス対策部門への報告
実施後 2 日	(1) すべてのデータ、提出書類を前もって特別に手配したビジネス便で発送

実施後 4日	(1)　各種納品振替などの伝票類に（棚卸後）のスタンプを押す
実施後 5日	(1)　すべての棚卸在庫の修正および計算結果提出の締切り

（注）　BR：バックルームの略、後方の商品保管スペース、倉庫、加工処理などの売場以外
　　　　の場所の総称

5-3 事前準備で必要なもの

> **Q** 棚卸当日に向けて棚卸に必要なものを用意しなくてはなりませんが、どのようなものが必要なのでしょうか?

A 棚卸方法によって用意するものは異なりますが、大きく分けて、データを収集し記録するためのもの、作業を効率よく安全に行うためのものが必要です。注意すべきは事前に棚卸に必要なものを十分な数だけ用意することです。棚卸の途中で不足が発生し、作業が滞ることが起きないとも限りません。特に表示シートや用紙類などが不足すると、作業者が自分勝手に異なったものを使用してしまいます。例えば棚卸専用に用意した用紙がなくなったので、その場にあったメモ紙や包装紙の切れ端を代用することもよく起こることです。こんなところで経費節約だと少なめに発注するのは本末転倒です。このようなことが起きるのは事前の教育が不十分だったことが原因の場合はあるものの、大半は必要な資材が十分に用意されていなかったということが原因であることのほうが多いのです。

　ルールからの逸脱は棚卸の正確さを損ねることに必ずつながります。ルールを厳密に遵守させるために、資材・道具の不足が発生しないようにすることが重要です。

　ここでは網羅的に棚卸方法を考慮せずに説明します。この中から自社の棚卸で必要なものを準備してください。

解 説

1 各種用紙

　現在では小型の専用ハンディターミナル、もしくはシステムによってはスマートフォンの専用アプリを使って行う場合もあるでしょう。いわゆる棚卸票を使うことは減ってきています。しかし、そのような場合もバックルームや売場の引き出しストッカー、棚上在庫や、計り売り、切り売り商品、ディスプレイに使用している商品などは事前にカウントしておいて、事前整理票(プレカウントシート)をその場所に貼り付けるといった方法が必要となることがありま

す。

　紙類は軽視されがちなので意外と不足が発生するものです。やむを得ずルールから逸脱し、それが棚卸の誤りになる可能性があります。どんな用紙を使っても許されるのであれば棚卸の信頼性はなくなってしまいかねません。

2　表示タグ、テープなど

　事前準備を行う上で棚卸の対象とならない商品、棚、区域を示す、もしくは棚卸作業を行う上での注意点などを示すものです。特に棚卸除外（DNI）表示は大変重要です。なぜそれが棚卸対象ではないのか、検査担当者や監査者が理解できるように示すことも重要です。不正のない厳密な棚卸をする上で必要なことです。

　また、棚卸区画ごとに附番表示もします。棚卸マップには陳列什器とそこにロケーション番号を記入しますが、それをいちいち見て作業をしていては時間もかかるだけではなく、誤ったロケーション番号でカウントしてしまうこともあります。ロケーション番号表示は専用のもので目立つものを使用しましょう。

　また、表示タグに情報を記入する場合も文字が見えやすいようにマーカー、サインペンなども必要です。

3　高所作業専用脚立など

　バックルームにも売場にも高所に保管・陳列されている商品があります。それらをカウントするためには踏み台もしくは脚立が必要です。同時に多くの場所で棚卸作業は行われるため準備した脚立などが少なければ貸し借りが多く発生して作業を遅らせることになりかねません。また、脚立や踏み台がないために無理矢理背伸びしてカウントしなければならないと、そこで数え漏れが発生しないとも限りません。事前に脚立や踏み台の数を確認した上で不足するのであれば手配しましょう。道具は非常に重要です。もし倉庫などでより高い場所での作業が必要な場合は安全対策としてヘルメットなども必要になります。

4　カゴ、カートなど

　商品が棚にぎっしりと詰まった状態で陳列されている場合は、棚から商品を

一旦取り出さなくてはなりません。お客が見ていない閉店時の棚卸であっても取り出した商品を直接床に置くことのないようにかごやカート、もしくは折り畳み式のコンテナなどを棚卸開始前までに売場ごとに必要数を設定して配置しておきましょう。また、引き出しなどに入っている種類が多く小さなものは、床に広げてカウントしなくてはならない場合もあるので、床に敷く紙なども用意する必要があるかもしれません。

5　筆記具、バインダー、卓上計算機

すでに述べたように商品をカウントして棚卸用紙に手書きで行う方法は少なくなりましたが、棚卸票を使用する場合は決められた筆記具を使うようにしましょう。ボールペン、サインペン、鉛筆といった筆記具の種類、さらには色も統一すべきです。各人が持っているものを使うことのほうがコストはかからないのですが、手順を統一して例外をできるだけ少なくするためにも使用する道具の標準化はとても重要です。必ず用意しておきましょう。

当然、棚卸用紙を使用するのであれば、バインダーは必携です。バインダーがないために段ボール箱の切れ端を代わりに使用することも見られますが、使いにくいことは間違いありません。必ずバインダーを用意しましょう。また、ハンディターミナルを使用する棚卸だからいらないとは限りません。帳票を見てのチェック作業用には必ず必要です。その場合、多くは棚卸データを紙にプリントアウトしてから点検作業を行います。これも作業計画や組織に基づいて必要枚数を事前に用意しておきましょう。

売場や商品によっては、金額を計算して棚卸票に記入する場合もあります。その場合は卓上計算機（電卓）も必要になります。

6　ハンディターミナル

ハンディターミナルを使用する場合には通常店舗で使用する発注用の端末だけでは不足します。本部からか他の店舗から一時的に持ち込む、レンタルするなどして事前に必要台数を確保しなくてはなりません。ハンディターミナルの台数を確保すればよいというわけではありません。まず動作確認です。中には充電（電池の場合もあるが）が不十分で使用できない場合もあります。また、作

業の途中でバッテリー切れになることも考えられるために予備のバッテリーを用意するか、バッテリー内蔵のものであれば、余分にハンディターミナルを用意しておきましょう。

　また、単に動作確認だけでなく機器によっては初期設定が必要なものがあり、場合によっては過去のデータやマスター情報がそのまま残されていることもあります。

　特に商品マスターを端末側に持っている場合は、最新の商品マスターデータが取り込まれていないと、未登録品が大量に出てしまいかねません。

　こうなるとその商品が何であるかを1つひとつ確認するか、商品マスターを入れ替えた上で再度カウントすることが必要になります。作業の遅れだけではなく、処理を誤ると二重計上や棚卸漏れにつながることがあります。

7　パソコンとプリンター

　ハンディターミナルを用いた棚卸では収集されたデータを一旦パソコンなどにアップロードして、ロケーションごとの確認や精度を確認する点検のための帳票を出すプリンターも必要です。もちろん、プリンターで印刷するのですから、使用する用紙も十分に用意しましょう。また、進捗管理や棚卸票の管理を行うので、机やいす、棚卸レイアウト図を掲示するホワイトボードもあるとよいでしょう。

5-4 商品の出入りの管理

> **Q** 棚卸の実施日が間近に迫ってくると、棚卸前後の商品の出入りや売上の管理
> が必要になります。これらについてどのようなことに注意したらよいでしょ
> うか?

A 実地棚卸はその期の利益を確定するわけですから、棚卸前後に発生する商品の
入荷と出荷（販売）を誤ると正確な棚卸ができたとしても実際の利益を正しく
把握できません。棚卸の前後での商品管理はなかなか難しく、1人でできるも
のではありません。それぞれの部門のマネジャーが例外なくルールを遵守する
ようなコミュニケーションが大切です。また、何を行うべきかを整理して指示
しなくてはなりません。実は商品の出入りはレジカウンターでも発生します。
商品を販売するだけならレジ登録すればそれほど問題ではありません。しかし、
顧客から返品処理や取り置き商品など、レジカウンターでも棚卸前と棚卸後を
明確に区別して管理しなくてはならないのです。

解 説

1 バックルームでの管理

　入荷商品、返品商品は棚卸前なのか棚卸後なのかを明確にしないと正しい棚
卸結果は得られません。**図表5-2**のように伝票（入荷データ）は棚卸前の日付で
あったものが商品そのものは棚卸後に入荷しており、期末の棚卸には含まれな
かった場合はロスとなります。

　その逆に商品は棚卸前に入荷したので棚卸在庫として計上されます。一方、
伝票は棚卸後の日付なので、逆ロスとなります。返品ではその逆になります。
このように棚卸の前と後を確実に区別できないと正しい棚卸結果は得られなく

図表5-2　棚卸前後で発生するロスと逆ロス

伝票	現物	ロス/逆ロス
棚卸前	棚卸後	ロス（棚卸時点であるはずのものがない）
棚卸後	棚卸前	逆ロス（棚卸時点でないはずのものがある）

なります。

　それではこのようなことを起こさなくするためにはどうしたらよいでしょうか。1つの方法としては棚卸前後の一定期間、例えば1週間、3日間などは商品の入荷をなくし、返品もしないというものです。返品を期限前までにしておくことはさほど難しいことではありません。一方、商品を入荷させないというのは簡単ではありません。毎日仕入して販売する生鮮食品などはこのやり方では不都合がありすぎて不可能です。

　しかし、より商品回転率の低い商品ならそれは可能です。入荷時期を前倒しか後ろ倒しにするのです。しかし、欠品になってしまう可能性が出てきます。したがって発注量と予定入荷時期にも細心の注意が必要です。棚卸のために欠品したのであれば、お客よりも棚卸を優先したのかと思われても仕方がありません。実際に、欠品している理由を問うと「もう少しで棚卸なんですよ」と答える店もあります。お店がなぜ存在するのかを考えればわかることですが、これでは本末転倒ですね。

　もう1つは、商品の入荷日と伝票の日付が一致しているということです。多くの小売業では電子的に発注データや入荷データが処理されますから、何もしないとそのまま集計されてしまいかねません。ですから入荷時期が遅れたり早まったり、内容の変更（数量の修正や欠品による商品の未入荷など）があれば修正が必要です。伝票と商品が別に送られてくる、もしくは仮の出荷伝票で納品される場合は要注意です。仮の出荷伝票はメーカーからの直送などに使われることがあります。通常はその後に正式な伝票が送られてくるはずです。しかし、その伝票が棚卸日後に処理されたのでは棚卸日の時点では商品は棚卸に含まれる（棚卸前）一方で伝票上は未入荷（棚卸後）となってしまいます。紙の伝票での運用の場合はツールとして「棚卸前」「棚卸後」のスタンプを伝票に押すことで識別するという方法もあります。

　店舗間の振り替え、移動も悩ましいものです。不足している店舗から在庫に余裕のある商品を送るなど融通しあうことは珍しいことではありません。特に販売期間が決まっている特売商品などは、販売予測数から実際の販売数が大きく乖離して商品が不足するため追加が必要になることがあります。しかしすぐに商品は入荷しませんから、近隣の店舗から融通してもらいます。これは棚卸

日に近いときとは限りません。日常的に起きることです。

　問題は、商品がＡ店からＢ店に移動したにもかかわらず、伝票が起票されなかったという場合です。Ａ店は商品を出荷した側ですから実際には商品がありません。しかし伝票が起票されていませんから、移動した商品在庫は伝票(データ)上はまだＡ店にあります。Ａ店では、まさに「あるはずの商品がない」状態です。一方、Ｂ店は「ないはずの在庫がある」ことになります。このように商品と伝票の不一致が起きるのは「店間振替の際には商品は必ず伝票がつけられ、受け取る側も必ずその伝票と商品の突合をしなくてはならい」というルールが守られていないことに起因しています。棚卸時だけ手順やルールを厳守したとしても、日常の業務の中での手順からの逸脱によっても棚卸の正確さに大きな影響を与えるのです。

　返品処理は棚卸の数日前までに完了させなくてはなりません。本来棚卸前だからといって行うものではありませんが、なかなか決められたとおりにできないのも現実です。めんどうだからということもありますが、補充発注、レジ精算、顧客対応など優先すべき業務があるとどうしても後回しになりがちです。ですから棚卸日の何日前までというルールは有効です。それを実行しないと、棚卸当日にカウントしなくてはなりません。無駄な作業負担は結局その担当者にかかってくるのです。また、企業としてもコスト増です。不要な在庫を持っていることは金利負担だけではなく、多くの無駄な作業を生んでしまうのです。

　廃棄処理の際の廃棄伝票の起票漏れも問題です。しかしこれは利益には影響を与えません。ではなぜ問題なのでしょうか。廃棄伝票が起票されていれば、そこで廃棄ロスが出たことがわかります。ところが廃棄伝票処理がされなかった場合は、それは棚卸をして初めてわかったロスなのです。棚卸前にわかっていたロス、ここでは「既知ロス」と呼びましょう。そして棚卸でわかったロスを「不明ロス」として区別しましょう。なぜ問題なのかは第7章で述べます。

2　レジカウンターでの管理

　商品が入荷するのはバックルームですが、商品が出ていく、すなわち顧客が購入し店舗から持っていくことの管理の重要な担い手はレジカウンターの担当者です。

　商品が販売されるということはその対価としてその商品の代金を受け取るのですが、ここでも販売した商品と受け取る代金は等しくなくてはなりません。

　商品は販売（取り置き）されたが代金は受け取っておらず、棚卸日以降に支払を受けて売上を計上する場合は該当する商品を棚卸に計上しても問題ありません。一方で代金の支払は済んでいるのに商品が取り置きされている場合はその商品は棚卸除外としなくてはなりません。

　最近はネットで注文を受け、配達する場合と店で取り置きしてお客が受取りに来店する場合も珍しくありません。ネットでの販売は通常クレジットカードで決済されることがほとんどなので、棚卸前に注文があり、店で取り置きしているとすると、売上は発生主義で棚卸前に計上されなくてはなりません。もし棚卸日よりも後に支払うということであれば、それは当然棚卸からは除外しなくてはなりません。

　取り置き商品は必ず所定の場所で管理して、棚卸に計上されないようにしましょう。また、長期間取り置きしている場合は、お客に連絡して受け取りに来店してくれるよう督促すべきです。

　それほど多くはありませんが、その逆に商品はすでに渡してはいるものの、後払いになる場合も要注意です。その場合は売掛金として売上金に加えないとロスとなってしまいます。

図表5-3　棚卸前後の商品在庫と売上計上の管理項目

場所		出入	管理項目
売場レジ	売上	出	売上集計管理：日ごとのチェックと確定 売掛金管理：棚卸日前に売掛金台帳のチェック 注文品管理：棚卸日前に入荷済注文品の引き取り督促
	返品	入	返品（返金）処理：日ごとのチェックと処理確定
BR荷受	仕入	入	検収：常時厳格な検収作業（特に検数）の実行、棚卸日前後には特に入荷日付のチェック 伝票処理：伝票回収の徹底、伝票の未記入項目の有無の確認、仮伝票処理
	返品	出	返品伝票作成/返品の検品：返品処理は棚卸日前に余裕を持って行う、返品引き取り日は必ず棚卸日前に設定
	振替	出入	振替伝票の作成/振替検品：振替発生日に伝票処理を行う、棚卸日直前の期間は原則振替禁止

5-5 バックルームの管理

Q 当社の場合、売場の棚卸に比べるとバックルームの棚卸でミスが見つかることが多いのです。バックルームの棚卸のための事前準備を行う上で注意すべき点を教えてください。

A バックルームの日頃の整理状況が企業の収益性を反映していると感じる場面が多くあります。まずは整理・整頓です。本来なら棚卸に無関係に常に整理されていなくてはなりません。しかし、徹底は難しいものです。まずはしっかりと整理をすることを最優先させてください。

解　説

1　定位置管理

　すでに本章第1節でも述べたようにバックルームの整理・整頓は日々行われていなくてはなりません。ここではより詳細に説明したいと思います。最も重要なのは定位置管理です。つまり定められた位置に商品その他の物がある状態を維持することです。定位置管理がいつもできていればよいのですが、まずは決められた位置にないものを移動することから始めなくてはなりません。

　それ以前にルールが明確になっていますか？　何をどこに置くかが決まっていないのであれば、まずそこから始めなくてはなりません。床に白線を引く、また壁に保管すべきもの、部門ごとの保管場所などを明示して誰もがわかるようにしなくてはなりません。自部門の商品だけはどこにあるかがわかっていても、他の従業員にもわかるようにしておく必要があります。なぜならすべての時間を1人でカバーすることはできません。定位置管理とは「探す」という行動がなくなるように何がどこにあるか誰でもわかるようにしておくことであり、絶対に守らなくてはいけない大変重要なことです。

　特に商品と商品以外のものは分けて整理しておく必要があります。また、床に直接積み上げるのもよいことではありません。必ずミニキャリア（平台車）、カートラック（6輪の細長の台車）、カゴ車（カゴ台車）など移動が簡単にできる

状態で保管しましょう。

　また、本来商品を保管する場所ではない場所、例えば事務室や休憩室、階段の踊り場などに商品が置かれている状態もあってはなりません。

2　棚卸のための作業

　しかし、そうはいっても定位置管理が不十分なときは棚卸前に整理が必要になります。まず定位置管理のあるべき姿にすることが第一です。それでは棚卸のために行う準備作業とは何でしょうか。

　まず開梱している商品は必ず中を点検します。また空箱があれば紛らわしいので必ず折りたたみます。商品であっても棚卸の対象とならないものもあります。例を挙げると、お客から預かっている代金精算済みの商品や、要修理品、店舗で消耗品としているもの、サンプル（展示見本や試食・試飲、配布用の商品）などです。またポスター、のぼりといった販促物もあるかもしれません。

　さて、棚卸数日前から売場に商品を出さないもの（陳列できるものは可能な限り売場に移動しますが）は、事前にカウント（プレカウントといいます）することも棚卸を効率的に行う方法の1つです。ただ注意しなくてはならないのは、すでにカウントした商品を誤って売場に出してしまうことです。

　そのようなことがないように、すでにカウントしてしまった商品は、まだカウントしていない商品と明確に分けておく必要があります。カゴ車やカートラックなどにテープを貼り、「棚卸済」などの表示をするなどして誰もが棚卸日にはカウントしなくともよいとわかるようにしておくべきです。

5-6 売場の準備

Q 棚卸を行うための売場の準備にはどのようなものがあるのでしょうか? また、行う上でどのような点について注意をすればいいでしょうか?

A 売場の状態の基本はあくまでも買物しやすいことです。すでに述べたように、正しい場所に商品が陳列され、プライスカードなどの表示が正しい位置にあることです。それに加えて棚卸のための準備もあります。例えば、棚卸しなくてはならない商品と棚卸には含まれないものを明確に識別できるようにしておくことなどです。

解 説

1 売価表示や商品マスター登録の確認

　商品に売価表示がなければ、買物をするお客は困ってしまいます。書籍、衣料品などは、商品そのものに売価表示があるか、タグがついていますが、棚に陳列されている食品や雑貨には売価は直接つけられてはいません。その代わりに陳列されている棚などにプライスカード（シェルフタグ）が取り付けられており、そこに販売価格やその他の商品の情報が表示されています。すべての商品のバーコードや売価情報がわからないといけないのですが、実際には表示されたプライスカードと商品が一致していない場合があります。また、衣料品などのタグが取れてしまうと棚卸時にはカウントできませんし、それを調査するだけでも大変な時間がかかってしまいます。このようなことが起こらないように事前にすべての売場の商品について正しい売価表示がされているか、そもそも売価表示のないものはないかを確認しておかなくてはなりません。

　すでに述べたとおり、売場は買物客のためにあるのですから、棚卸をするしないにかかわらず、正しい売価を含む商品情報の表示をしていなくてはなりません。ですからこの作業は日々のオペレーションの中で計画的、定期的に行われるべきであり、棚卸前にはその最終確認だと考えるべきです。

　テクノロジーの発展により画像認識技術を使って売場の状況を確認する取り

組みもされています。ロボットが通路を走って売場の写真を撮るといった試みです。ただし現時点では技術も確立しておらず、完璧とはいかないようです。eコマースの最大手企業でさえ、カメラで商品を認識する精度を上げるためには人手による前出し（フェイスアップ）作業を行っています。効率を上げるために新たなテクノロジーを使うのは素晴らしいことだと思います。しかし、それは人間が正しく使用して初めて効果が上がるのです。今後さまざまな自動化が進むはずです。では人間にしかできないことは何なのか、棚卸作業に携わる中で考えてみてはいかがでしょうか。

2　商品混在の整理

　商品混在の状態を解消するための整理作業も本来日常の作業の中で行っていなくてはなりません。プライスカードと最前面にある商品が一致していてもその後ろに隣の商品がはみ出して陳列してあることはそれほど珍しいことではありません。その理由の1つは補充作業の時点で棚に陳列されている商品と入荷してこれから補充しようとする商品がその商品に設定された最大陳列量（陳列スペースに最大いくつまで陳列が可能か）を超えてしまうことです。もう1つはパッケージが非常に似た商品を誤認して誤った場所に陳列してしまうことです。また、売場商品を選んでいるお客が手に取った商品を別のところに置くこともあります。

　商品の上部と上の棚との間隔が狭ければ商品によっては手前の商品を動かさないと奥にある商品が見えません。前後に異なる商品が並んでいると在庫数量を見誤り正確な発注ができません。

　間違いのない棚卸の方法として全品を1個ずつスキャンしていくという方法があります。衣料品がサイズ違いでハンガーにかかっている状態であれば、前後の商品が同じものかどうかをいちいち確認するよりも自動的に数量1の設定でスキャンをし続けるのがいいですね。スーパーマーケットやドラッグストアなどでのレジでの登録は基本的にそうしています。ところがそれでは棚卸の時は非効率です。一番奥にある商品まで手前まで持ってきてスキャンすること自体非効率であることはあきらかです。ですから数量が多いものはスキャンと数量入力の組み合わせで作業をすることになります。しかし一部の売場では商品

の識別が困難な場合は全品スキャンのほうが誤りもなく短時間でできることがありますから、その場合は注意事項として「商品1品1品スキャンしてください」と売場に表示するなどすれば棚卸はスムーズに進むはずです。

3　商品マスターの確認

　商品マスターの確認も重要ですが、これも上述したように本来日々の業務の中で正しく行われているべきものです。チェーンストアならば本部側で新商品導入に際して商品マスターの登録はしているでしょうから、新商品ではまずそういった問題は発生しないはずです。しかしすでに取扱い中止になって商品マスターが削除されてしまっているものが売場やバックルームで見つかることがあります。このような商品を放置したまま棚卸を行うと作業中に大量の不明品（マスター登録なし）が発生し、その調査をするために時間が必要になります。

4　定量整理

　商品を数えやすくすることを定量整理と呼びます。例えば、棚の上に陳列されている箱など形の決まったものは後退平面陳列にすることです。通常売場はお客のことを考えて前進立体陳列とします。後退平面陳列はカウントの誤りを防ぎ、カウント作業を効率よく進めることができます。しかし、一方で棚卸終了後の売場の復元作業に手間がかかります。ですから人員の確保、作業計画、売場の状況を勘案して採用すべきものです。

　また、細かいものは輪ゴムや小さなポリ袋などを利用して単位数量ごと(例えば10個ずつ)にまとめたり、同様に袋に詰めたものの数量を袋の外側に表示する

図表5-4　前進立体陳列と後退平面陳列

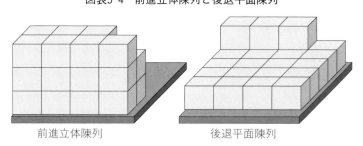

前進立体陳列　　　　　　　後退平面陳列

などの方法もあります。エンド大量陳列でも、商品(SKU)単位でまとめておくと棚卸作業はより短い時間でできるようになります。このような作業はできるだけ棚卸中ではなく、事前の段階で行っておくべきです。

5　正箱と空箱

　売場にはまだ開梱されていない段ボールケースに入った商品もあります。また、エンドなどでの大量陳列された商品の下には空のダンボール箱が使われていることも珍しくありません。商品が入っているのか空なのかを確認するためにはその上の商品を一旦おろしてから中身を確認するという作業が発生します。事前に空箱を取り除くか、陳列を維持したままでいたいのであれば、空箱と識別できるようにしておくとよいでしょう。

　ただし、これも棚卸準備として行うのは大変です。ですから日頃からルールを決めて行うようにすれば慌てて準備をしなくて済むのです。例えば次のようなルールです。正箱(まだ開梱していない商品が外箱に表示されている数量入っているもの)と空箱は天と地を逆さにしておくのです。そうすれば一目瞭然ですね。

　決して行っていけないのは、一部の商品が開梱された段ボール箱に残っていることです。これがあると念のためすべての開梱された段ボール箱を確かめなくてはならなくなるからです。

図表5-5　正箱と空箱の区別

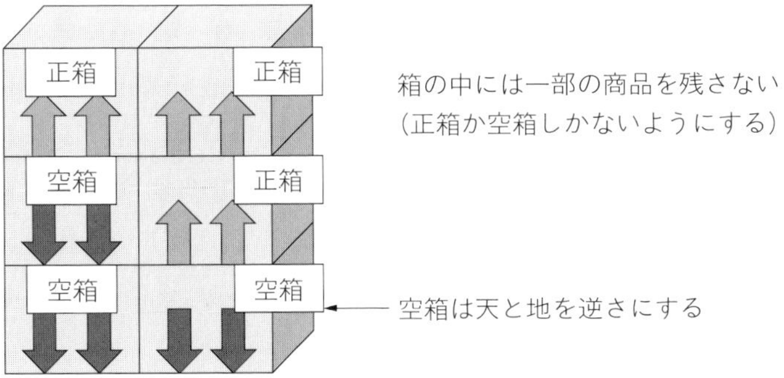

箱の中には一部の商品を残さない
（正箱か空箱しかないようにする）

空箱は天と地を逆さにする

6　売場内のカウンター、引き出し、ワゴン下の在庫

　売場にありながらお客が直接触れることのない商品が案内カウンター、引き

出し、ワゴンの下もしくは施錠されたガラスケースなどにあります。これらは棚卸を行う前日（夜間閉店後の棚卸であれば当日でも）の営業中に行うことができます。もちろん閉店後に行ってもよいでしょう。しかし事前の準備はとても大切です。できれば営業中に行い、リスト化し、販売の都度数量を修正するという方法も取れます。売場内にありながら見えないこれらの商品は、カウント漏れしてしまう危険性が高いからです。

　もし事前整理票を作成しない場合（棚卸当日のカウント）でも在庫の有無が外から見てわかるようにしておきましょう。方法としては在庫のある引き出し、扉などは棚卸直前に開けておく、もしくは開けられないのであれば、「在庫あり」の表示をしておくなどです。また、同じような場所でも「在庫なし」の表示をしておけば、棚卸のときにいちいち開けて確認する必要がなくなります。

　カウント漏れがないように、また、カウントを容易にするために引き出しやストッカーから床に商品を出す場合がありますが、これはお勧めできる方法とはいえません。なぜなら、商品が床にあるためにその近くにある商品の棚卸作業の邪魔になってしまうことがあるからです。どうしても行う場合は作業に影響のない場所やカゴ、ショッピングカート、商品運搬保管用の台車などを利用しましょう。

7　除外表示

　いうまでもありませんが、店舗には棚卸の対象となるものとならないものがあります。それではどのようなものがそれに該当するのでしょうか。

［棚卸するもの］
- バックルーム倉庫にあるすべての在庫、バックルーム倉庫以外の事務所・倉庫スペース以外の場所に保管されている在庫、修理に出している商品、配送トラックの中にある商品
- 売場に保管された販売用のすべての在庫（棚上、棚、棚下、引き出し、カウンター内、ガラスケース内）

［棚卸しないもの］
- 試食・試飲用に用意された商品（メーカーの販促品として納品されたもの）
- 配達はされていないが棚卸前までに配達および返品引き取りが完了する予定

のもの（"棚卸対象外"と明記されているもの）

● 店舗の備品、固定資産、用度品（商品とは別勘定なので別に行う）

● 陳列見本用として除外したもの

● ディスプレイ目的のために作った模造品

● 空箱

　除外表示とは、棚卸対象とならない商品、事前にカウントしてある商品もしくは商品ではないサンプルなどを誤ってカウントしないように表示するものです。除外表示で重要なのは除外の範囲が明確になっていることです。除外表示をわかりやすく誰が見ても間違えないように統一したものにするとよいでしょう。

図表5-6　棚卸除外表示の例

棚卸除外品	DNI	非在庫

　＊DNI は Do Not Inventory の略

　陳列棚（ゴンドラ）全体もしくは棚全体であれば、棚に紙テープなどを斜めに貼って棚卸除外であることを表示します。

　もし棚に陳列された一部の商品は除外せずに他の商品を除外する場合は、除外しない商品を別の場所に移動して、その他棚自体には除外表示をするという方法もあります。どちらが効率的で誤りがないのかを判断して行うのがよいでしょう。その際も棚卸作業の効率だけではなく、事前準備、棚卸、棚卸後の作業全体を考えながら判断します。

図表5-7　除外範囲表示の例

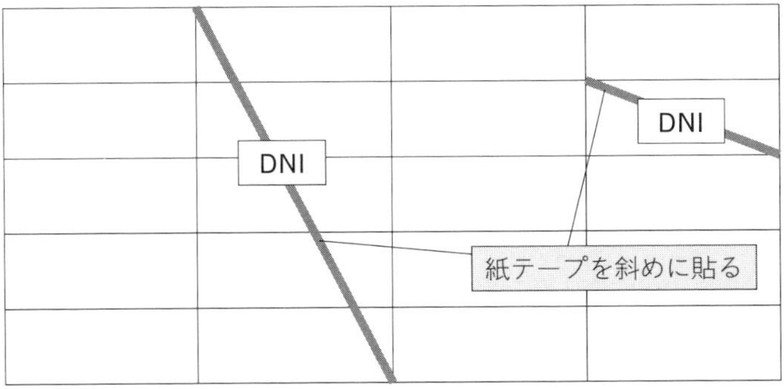

5-7 売場レイアウトの作成

> **Q** 棚卸のために売場レイアウトを作る必要があるのはどうしてですか?

> **A** まず、重要なことは棚卸の重複(同じ場所を2度カウントしてしまう)や漏れを防ぐことです。また、棚卸の進捗管理や作業指示を正しく伝えるためという目的もあります。

解 説

1 棚卸ごとに売場レイアウトを作成する理由

棚卸を行う上で必要なのが売場レイアウト(以下、棚卸マップ)です。売場は常に変化しています。前回棚卸を行った時の売場とまったく同じではありません。ですから、毎回棚卸ごとに作成するか変更した部分を修正しなくてはなりません。大きな変更がある場合は、ロケーション(陳列什器ごとに附番する)番号がわかりづらくなるので新たに棚卸マップを作成するほうがよいでしょう。棚卸マップを作成する時点でロケーション番号が重複したり欠落したのではそれを作る意味がありません。ですから事前に実際に詳細に売場をチェックしておかなくてはなりません。また、ルールとして棚卸マップ完成後は売場変更は禁止すべきです。しかし例外的な変更がないとは必ずしもいえません。特にプロモーション、季簡品などの特設売場などは注意が必要です。あらかじめ作成していた新しい棚卸マップでも必ず棚卸直前に再確認しておきましょう。

2 売場レイアウト作成の実際

ロケーション番号の附番はできるだけ規則性のあるものにしましょう。例えば左から右に統一する、通路番号順に附番するなどです。また、壁面や平台、島陳列なども別にしたほうがわかりやすいです。典型的な例をここに示します。

企業によってはすでに什器ごとに番号を設定している場合もありますので、それを使用するというのも1つの方法です。しかし、番号が設定されていない売場も出てきますので、確認作業は入念に行わなくてはなりません。

図表5-8　棚卸用の売場レイアウトの例（ロケーション番号一部省略）

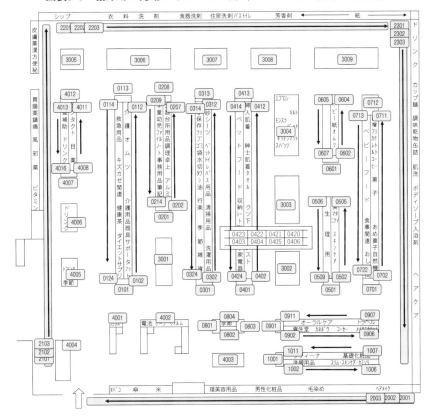

　陳列什器の棚の幅は90センチや120センチが多いので、その幅ごとに附番する
のが一般的ですが、商品が大きくSKU数が少ない場合は複数の棚を1つのロ
ケーションとするのもよいでしょう。あまり細かくしすぎると後で確認作業が
煩雑になることもあります。バーコードを使用しない売価での棚卸の時代は、
集計する利便性を考慮して部門単位でロケーション番号を設定するなどしてい
ましたが、今はほとんどの場合バーコードスキャンで行うので、部門を考慮す
るよりも物理的な位置情報を優先したほうが管理しやすくなります。

　ロケーション番号のバーコード（もしくはQRコード）表示に加えて、ロケー
ションもスキャン入力できるようなシステムもロケーションの錯誤を防止する
ために有効な方法です。

Column 7 AR で在庫管理

　ARとは Augmented Reality の略で日本語にすると拡張現実です。皆さんも聞いたことがあるでしょう。この技術を在庫管理のため、そして商品をバックルームから売場まで移動し補充する時間を短縮する目的でこのシステムが使われるようになりました。

　このシステムでは専用アプリをインストールしたスマートフォンのカメラを棚に積まれた正箱（箱の中に商品が24個、30個などと入っている未開梱の荷姿）にかざすと、画面に商品の情報が映し出されます。その商品情報には商品名、入り数、商品番号などがあります。売場で補充する必要のある商品の情報をスマートフォンに入力し、バックルームで探します。

　それまでは商品を探すために1つひとつ正箱についている ITF コードもしくはモバイルプリンタで発行した UPC コードをスキャンして商品を探していましたが、このシステムではスマートフォンで広い範囲を映し出すことによって目的の商品を容易に発見することができるわけです。

　しかし、いきなりカメラにバックルームにある商品を写し出しても商品情報を得ることはできません。その前に準備として行う作業があります。それは正箱についている ITF コードをスキャンするなどして商品情報を得た後に二次元バーコードを印刷します。そしてそれを正箱に貼り付けて棚に納めます。その際には必ず正面に二次元バーコードが見えるように保管します。

　ここまでできるとカメラの画面に実際の商品をその上に商品情報が映し出されます。VRとは Virtual Reality、つまり仮想現実ですが、実際の映像と仮想現実の映像が一緒に映し出されるのが AR（拡張現実）なのです。

　このような技術は商品管理だけで

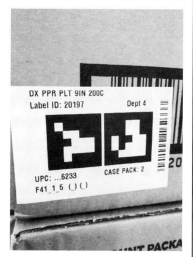

はなく、売場でのマーケティングや販促ツールとして今後さまざまな形で利用されるに違いありません。

第 **6** 章

実地棚卸の実施

6-1 作業開始前に

Q 棚卸は一斉に開始したほうがよいのでしょうか？　パートタイマーなどは
シフトに応じて開始時間に差をつけてもよいのでしょうか？

A できるだけ一斉に開始することが望ましいですが、フルタイムで勤務する従業
員ばかりではないので、1人ひとりがばらばらに始めるのではなく、いくつか
のグループに分けて開始するようにしましょう。チームで作業をするためには
開始時に朝礼、簡単なミーティングを行って意思疎通しておく必要があります。

解　説

1　作業開始前の朝礼の意義

　事前に教育を受けたことを前提としたとしても、棚卸作業を行うのは人間で
す。棚卸作業をするすべての人が100%決められたルールどおりに実行できると
は限りません。むしろ完璧にできないことを前提とした対策が必要です。作業
前に全体朝礼（ちょっと古い言葉ですが）を行うこともその対策の1つです。

　効果的な朝礼によってミスや作業の停滞を防止することができます。しかし、
内容が盛りだくさんで「あれもこれも」では時間がかかりすぎるだけではなく、
作業者は何が重要なのか、優先順位が高いのかを理解できず、逆に混乱を生む
ことにもなりかねません。また、精神論で気合を入れるという前時代的な朝礼
はまったく意味がありません。

　朝礼を実施する上で大事なことは可能な限り"全員"で行うことです。同じ
作業をする者たちの中で情報を共有することが望ましいのです。そして決めた
時間に遅れずに開始できなくてはなりません。遅刻者がいるようでは先が思い
やられます。

　全員がメモをとることも大切です。これは日頃からの習慣づけが必要です。
朝礼で伝達される内容は厳選されたものではなくてはなりませんが、それでも
人間の記憶力は不確かなものです。メモをとらせることで、伝達事項はより確
実に作業者に伝わり理解されるのです。

2　全体朝礼

　全体朝礼では棚卸がなぜ必要なのか、その重要性を簡潔に説明することは重要ですが、これは事前準備で十分に説明しているはずです。それを再度伝えるにしても短時間で、本日の作業について伝えることもできるだけ簡潔に具体的な行動を示す短い言葉にしましょう。

　重要なのはこれから行う棚卸作業についてです。朝礼をする側はとにかく間違えずにルールどおりに作業してほしいという気持ちですから、そのルールを詳細に説明しがちですが、重要なポイントのみにしましょう。自分は誰の指示に従えばよいのかといった指示命令系統、休憩の取り方や終了予定時刻の伝達は最低限必要です。

　商品や売場ごとのカウントをする上での注意事項は、その売場を担当するチームでの朝礼や個別指示での伝達とします。作業者にとって自分が担当しない売場についての注意事項を聞かされても意味がありません。情報過多になると、作業者は自分に必要な情報をそこから選択しなくてはならず、自分が必要とする情報がそこから漏れてしまうことがあるからです。最後に元気よく大きな声を出して唱和するのもよいでしょう。

3　エリア（売場）単位での朝礼

　多人数で広い売場や多層階の売場の棚卸を行う場合は、売場単位でチームごとに朝礼をエリア（売場）を担当する責任者、チームリーダーが行います。すでに全体朝礼を行っていますから、できるだけ実際の作業に即した内容で簡潔に説明します。ただし、売場の一部の特殊な商品については、その作業を行う者だけが知っていればよいので、朝礼では説明せずにその後の作業指示の際に個別に説明します。

　人数が少ないのでお互いの顔もよく見えますから、チームリーダーはメンバーの作業の様子や表情から、作業の方法を理解しているかどうかもわかります。ここで強調すべきことは、リーダーからの指示に従うことと報告の徹底です。

6-2 作業割当と完了報告

Q 棚卸は大勢で行い、1人ひとりに担当箇所を割り当てなくてはなりません。具体的にはどのような方法でどのような点に気をつければよいのでしょうか？

A 作業割当と完了報告、そして途中で生じる問題を解決するためには、実施責任者として注意しなくてはならない点があります。指示が明確であること、必ず指示と報告は一体のものであること、そして実施責任者が監督者でもあると同時にカウント作業者に対して支援者であることです。

解　説

1　作業割当と完了報告

　実地棚卸責任者（チームであればチームリーダー）が計画に沿ってカウント担当者に作業場所を指示します。作業者が勝手に判断して作業を進めてしまうとカウントの漏れもしくは重複が起きる危険性があります。したがって、実施責任者の作業指示は絶対的なものとして遵守しなくてはなりません。一方、実施責任者は棚卸マップを使用して明確に個別に担当する場所を示した作業指示を出さなくてはなりせん。

　また、ロケーション番号で指示するにしても口頭ではできるだけしないこと

図表6-1　担当場所にロケーション番号貼付の例

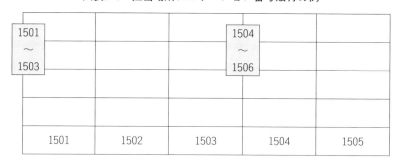

図表6-2　作業割当の例

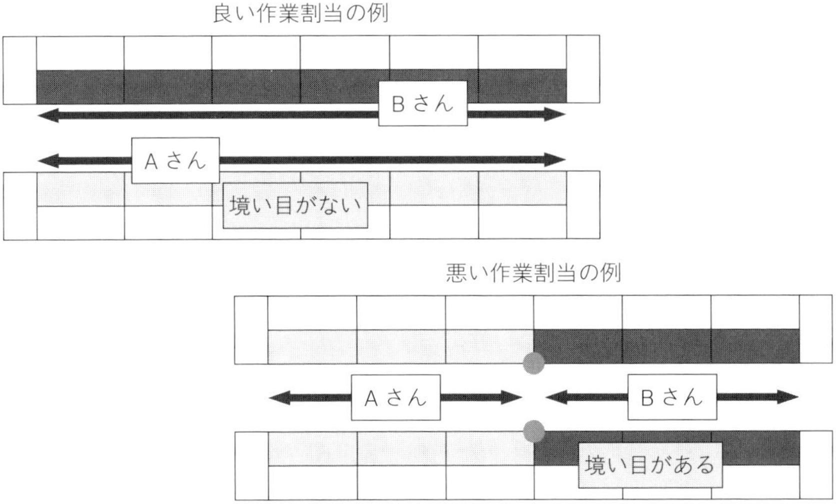

良い作業割当の例

Ｂさん

Ａさん

境い目がない

悪い作業割当の例

Ａさん　　Ｂさん

境い目がある

が重要です。マップで示すか、担当する場所にロケーション番号を記入した紙片を貼り付けていくことがよいでしょう。

　作業割当をする際にあまり細かくすると、頻繁に作業指示と報告が繰り返されます。それだけ移動や指示報告の時間が余計にかかってしまいます。その点を配慮して作業割当をしましょう。また、**図表6-3**のようにできるだけ隣の作業

図表6-3　作業割当の区分のしかた

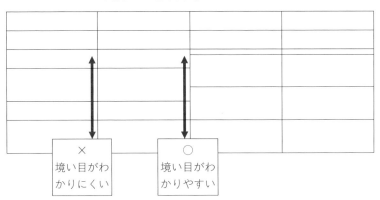

×
境い目がわかりにくい

○
境い目がわかりやすい

者との作業割当の範囲に誤りが生じないようにするために、陳列棚の左端から右端まで1人の作業者に割り当てることが望ましいです。もちろん陳列什器がとても長く、1人では長時間かかりすぎる場合に分割することを制限するということではありません。また、分割の境い目は陳列棚の横の並びが一致しているところではなく段差がある箇所（図表6-3）のように境い目とすることでカウントの割当区分がより明確になります。

　作業者は指示された場所のカウント終了後に速やかに実施責任に完了報告をし、次の作業指示を受けます。決して自分で判断して他の作業者を手伝うようなことをしてはいけません。困っている人を助けること自体決して悪いことではありません。しかし作業者が勝手に判断して作業を行うことは絶対に認めてはいけないことです。

　そのようなことがないように実施責任者は作業状況を自分の眼で確かめるべく売場を巡回しなくてはなりません。広い売場や多層階の売場の場合は、1人で見ることは実際できませんから、複数のチームを編成してそれぞれにリーダーを置く必要があるわけです。

2　カウント完了報告を受けたら

　カウント完了報告を受けたら、棚卸をする中で疑問点などはなかったかと一言質問しましょう。中には不明な点を自分の判断で作業を進めてしまった作業者もいるかもしれません。次に新たにカウント場所を指示します。ロケーション番号がわかっていても棚卸責任者はできるだけその場所に行き、カウント作業者との確認をしましょう。もちろん売場を熟知しているベテラン従業員なら現場に行かなくともわかるだろうと考えてはいけません。できる「はずだ」、わかっている「だろう」は大変危険です。念には念を入れて双方で確認しましょう。現場に行けば、例えば通路にダンボール箱が置いてあるなど、ルールでは解決できない問題が出てくるかもしれません。ですから現場で確認することは大変重要なのです。

　新たなカウント場所の指示と同時に重要なのはカウントが終った場所を明確にしておくことです。方法としては**図表6-4**の例のように棚卸マップの完了したロケーションをマーカーで塗っておくといったもの、あらかじめロケーション

図表6-4　完了確認方法

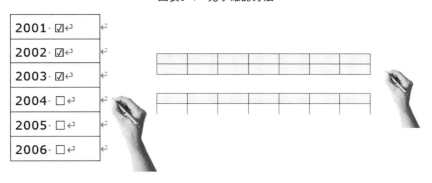

番号の一覧を作成しておき、それをチェックしておく方法もあります。いずれも棚卸責任者にとってこれは間違ってはならない業務です。

　また、カウントが終った場所を実際に見て、もれなく完了しているかを確認します。

3　カウント作業者を支援する

　棚卸を開始したばかりの頃は不慣れな従業員が多いので指導された方法とは異なった(誤った)方法で作業を進めてしまうことがあります。もちろん事前教育で「不明点や疑問がある場合は速やかに作業を中止して確認」するように説明していたとしても、質問に答えてくれる責任者が近くにいなければ、わからないままに作業を続けてしまうことも多いでしょう。そのような問題をできるだけ早い段階で解決するのも実施責任者の重要な役割です。棚卸を開始した早い段階での点検と指導は重要です。その後の作業がスムーズに進むかどうかは、早期に問題点を発見し、迅速に対応をすることで決まるといえます。

　実施責任者は単に棚卸を終わらせればよいだけでは決してありません。作業者が正しく手順を守り、正しい棚卸結果を出せるように、1人ずつ丁寧に作業を見守り観察します。カウント作業の進捗状況を見るだけではなく作業者の様子や体調などにも目を配り、作業者の立場に立って支援する姿勢が大切です。また、そうしなくてはならない重要な責任を担っているのです。

6-3 カウントの手順と方法

> **Q** 商品のカウントをできるだけ正確にかつ短時間で行うためにはどのような
> ルールが必要でしょうか？　また、適切な手順や方法、カウント作業自体に
> ついて知りたいのですが。

A 作業上のルールで最も重要なのはカウントの順序です。誰もが例外なく同じ
ルールで行わないと確認作業が困難になります。また、カウント作業では特に
楽に（安全）に素早くカウントできるための基本動作が大切です。

解　説

1　カウントの順序

　カウント作業を進める上でどの順に作業を行うべきかは必ず決めておかなく
てはなりませんし、例外なくその順にカウントさせなくてはなりません。左右
上下どちらから始め、どこで終わるのかが明確になっている必要があります。
　複数棚のある什器でのカウントルールでは一般に左から右としますが、上下
は必ずしもどちらがよいとはいえません（**図表6-5**）。また、最上段でストック置
き場となっているものは別に作業をしたほうがよい場合もあります（**図表
6-6**）。

図表6-5　カウント順の例（最上段左端から最下段右端へ）

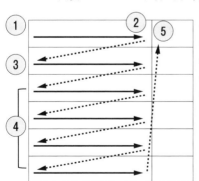

①最上段の左端からカウント開始
②右端までカウント
③すぐ下の段の左端からカウント
④以下、最下段まで繰り返す
⑤右隣の棚の最上段の左端からカウント

図表6-6　カウント順の例（最上段は別のロケーション番号を設定する）

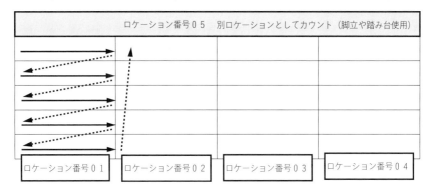

作業者がそれぞれ自由にカウントの順序を決めて作業をすると最も困ってしまうのは、棚卸責任者などがカウントの終了を確認するのに時間がかかり、もしカウント漏れや重複があったとしても発見が難しくなることです。必ず、カウント順はカウント作業者に周知徹底しなくてはなりません。

多段什器の場合はルールがわかりやすいのですが、エンド陳列やワゴン平台のように平面的もしくはひな壇形式の陳列はカウントの順序を統一することが難しいです。もちろんカウント順のルールは決めておかなくてはなりませんが、そのような場所は限られた作業者に作業を割り当てるべきです。全員にすべてのカウント手順を教えるよりも担当する数人に手順を教えるほうが誤りも少なく、ルールから逸脱するカウント順が生じる可能性も大幅に減るはずです。

特に注意しなくてはならないのは、それぞれの担当者が割り当てられた売場の境い目です。商品が２つの連続した棚にまたがっていることはよくあることです。その場合は付箋などを利用してその境い目がわかるようにします。明確なルールを決めてしまう方法もあります。それはプライスカードの位置によるものです。２つの棚にまたがっている商品は必ずプライスカードの貼付されている棚のロケーションでカウントとすると決めるのです。それよりもすでに説明したように、不明確な境い目があるような売場は同じカウント担当者に割り当てるほうが間違いの可能性は減ります（**図表6-7**）。

図表6-8はエンド陳列のカウント順序の例です。必ずここに示した順序で行うということではありませんが、全員が同じルールで行うことが大切です。また、

図表6-7　カウント範囲の境い目

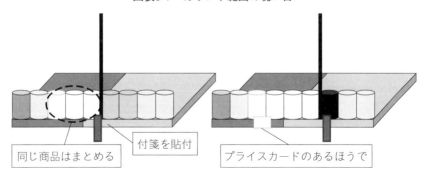

同じ商品はまとめる

付箋を貼付

プライスカードのあるほうで

図表6-8　エンドなどのカウント順序の例

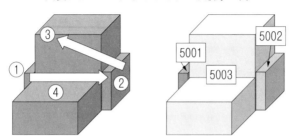

ロケーション番号を個別に附番するとカウント漏れがあったとしても確認しやすいのです。

2　カウント動作

カウント動作をここで取り上げる理由は２つです。１つは効率よく正確に作業を進めることであり、もう１つは作業者ができるだけ疲れないように作業を進められるようにすることです。

まず、上段の棚の作業です。必要に応じて脚立や踏み台を使うことです。棚の奥まで商品を見ることができないからといって、つま先立ちをして作業をしてはいけません。そのためには常に脚立もしくは踏み台を作業者の近くに置いておく必要があります。いちいち探し回ることは無駄な作業ですし、場合によってはどこまでカウントしたか忘れてしまうことがあるかもしれません。

脚立を使用する際には最上段には決して乗ってはなりません。両足で挟み込

124

図表6-9　脚立への乗り方

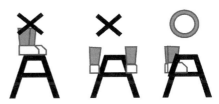

むようにしてもいけません。いずれも落下や転倒のおそれがあるからです。

　中段の棚のカウントで注意すべきは商品が陳列されている上の棚との隙間が狭いときに奥の商品を見落としてしまうことです。これを防ぐには、その隙間から覗く場合も真正面からではなく右斜めから見たり上下に視点を変えるとよいでしょう。また、棚に空いているスペースがあるときは、片手で一部の商品を左に寄せるなどして奥の商品を確認できるようにします。もちろん棚に商品がぎっしりとあるときは、一部の商品を取り出さなくてはなりませんが。

　腰の高さより低い棚ではカウント姿勢が重要です。まず片膝を床につけます。この基本姿勢を確実に行いましょう。しゃがんで作業をすると立ち上がるときには腰を痛める危険性があり、無理な姿勢は疲れます。それに立ち上がる、横に移動するといった動作が緩慢になってしまいます。正しい姿勢で行うことが大切です。

　日頃商品補充をしている作業者であれば当然のごとく作業姿勢は身についており自然にできるはずです。しかし、商品補充の経験の少ない作業者は、なかなか教えたとおりにできないものです。もし膝が痛むのであれば、事前に膝にサポーターをするのが有効です。

カウントの基本動作

(1)　陳列商品の高さに応じた姿勢
　①　最上段はつま先立ちせずに踏み台など使用
　②　腰の高さより下は片膝をつく
(2)　商品の陳列量と陳列スペースに合った視線と商品への触れ方
　①　視線を変える（上下左右に）
　②　商品を横に動かす（スペースがあれば左に寄せる）
　③　商品を一旦かごなどに移す（数量の多いもの、上から重なっているものなど）

また、脚立または踏み台と同様に商品を取り出すために使用するカゴなどを作業者は近くに用意しておかなくてはなりません。どの商品も棚から出さずにカウントできるわけではありません。特に最下段には陳列量の多い商品があり、さらに下から覗き込むことは困難です。その場合は、商品を一旦棚からかごに移動して、奥に商品がないこと、もしくは数個しかないことを確認した上でかごの中の商品をカウントします。カウント終了後は元の陳列場所に戻します。

3　商品の数量を確実に捉える

　カウントする（数える）ことは誰にでも簡単にできそうな気がします。しかし棚卸作業では正確に漏れなく数えることはそう簡単ではありません。前の商品に隠れている商品も確実に数えなくてはいけませんし、ダンボール箱に入っていたり、複数の商品が混合して陳列されていることもあります。もちろん事前準備で行うべきものですが、100％実行されているとは限りません。

　ですから、確実に商品を識別した上でその数を数えなくてはなりません。後ろに商品が倒れている場合もありますから、その可能性がありそうな場合には奥に手を入れてその有無を確認しなくてはなりません。

　形の揃った大量の商品がある場合には、電卓もしくは加算機能のついたハンディターミナルを使用します。いちいち数えていては時間もかかりますし、むしろ数量間違いも起きやすくなります。簡単な暗算はもちろん認めるべきです。計算能力に個人差はありますが、簡単な掛け算であればほとんどの作業者はできるはずです。むしろ1つずつ数えるよりも正しい数量を把握できることが多いのです。ただし、掛け算のもととなる「縦×横×高さ」のそれぞれの数値は十分に注意して数えないと大きな誤差を生んでしまうので特に注意が必要です。

　このような方法がとれるのも事前準備における「定量整理」が行われているからです。棚卸中に行うことはできるだけ少なくというのが基本です。

　ここで「数える」と「数量を捉える」の違いについて説明します。「数える」とは「1つずつ」数えることです。もう少し効率よくしようとすると「2、4、6、8…」と数えます。定量整理された形の決まったものなどの場合は4列で奥行きが3列では「4×3＝12」となります。その中でできるだけ「1つずつ」数えることを減らすほうがよいことはおわかりでしょう。つまり1度にできる

だけまとめて数えることができれば、より効率的です。

　人間は物を「数える」という能力と物の数を「捉える」という能力があります。考えてみてください。さいころの6の面を数えますか？　そうです、黒い小さな丸が6つ並んでいる画像をパターンとして、また塊として認識しているから、それを一瞬見ただけで6と認識できるのです。ですから数えること、四則計算すること、数量を画像として捉えることの組み合わせで効率的で正確なカウントができます。もちろんこの能力には個人差があります。トレーニングによって能力は高められます。しかし、数量を捉えるための訓練まで行うことは実用的とはいえません。ただ、このような方法があるのだとカウント作業者に気づかせることでも効果はあります。

　図表6-10のように手を使うことで商品の数量を確実に捉えることがより容易になります。可能であれば事前教育で説明しておくべきです。しかし、それだけでは不十分です。頭では理解できても実際にその動作ができるとは限りません。このような動作を身に付けるにはある程度時間が必要ですが、1日だけ行う棚卸のためにそのようなトレーニングをすることはコストもかかるだけでは

図表6-10　数を捉える

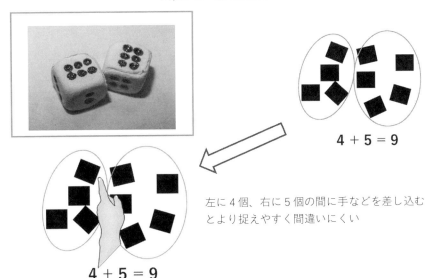

$4 + 5 = 9$

左に4個、右に5個の間に手などを差し込むとより捉えやすく間違いにくい

$4 + 5 = 9$

なく、現実的に無理です。

　対策としては棚卸責任者、もしくはそのエリアを任されたチームリーダーが巡回して正しい動作でカウントしているかどうかを確認し必要に応じてその場で指導をすることがよいでしょう。

4　棚卸票への記入

　最近は棚卸票を使うことが少なくなってきましたが、ハンディターミナルで棚卸を行う場合も事前準備の段階でリスト化することはよく行われる方法です。これをプレカウントなどと呼びます。特に売場以外の場所ではこのような方法をとることがよくあります。

　棚卸票を使用する上で確実に行わなくてはならないことは他の人が読めるように数字を書くことです。自分自身は読めたとしても他の人が正しく読めないとなると誤った数値で入力作業をしてしまうこともあります。まず確実に読みやすい数字を記入することを大切にしなくてはなりません。事前教育でも基礎の基礎として教えることを忘れてはいけません。

　また、棚卸票には連番を打ち、棚卸票の紛失を防止しなくてはなりませんし、書き損じたからといって捨てるようなことは絶対にやらせてはいけません。棚卸票を受け渡しする場合は必ず、受け渡しリストに記入しておくことです。

5　ハンディターミナルへの入力

　ハンディターミナルを使用しての作業はバーコードをスキャンして数量を入力することを繰り返すのですが、ハンディターミナルを使用する前に、まず商品のどの位置にバーコードが付いているか探さなくてはなりません。商品によっては必ず同じ位置にあるものもありますが、それぞれの商品の形状が異なりバーコードの位置が異なる商品もあります。ですから商品に触れる機会のない作業者の中には戸惑う者も出てくるでしょう。スーパーマーケットやドラッグストアなどの店舗では通常棚にプライスカードが付いていますから、プライスカードに表示されたバーコードをスキャンすればそれだけ効率的に作業は進められます。このような方法をルール化することもできます。しかし、その前提は陳列された商品とプライスカードに表示されたバーコードが例外なく一致

していることです。

　ハンディターミナルは発注作業など限られた人しか使いません。ですから棚卸作業で日頃ハンディターミナルを使用していない多くの作業員には事前にその使用方法や注意点を教育しておかなくてはなりません。本人は入力したつもりでも実際には入力したはずのデータがなかったということも起こり得ます。

　使用するハンディターミナルや棚卸方法によって、学ぶべきことは異なります。ですから使用する道具の操作方法などの教育にはマニュアルを整備しておく必要があります。マニュアルに沿っての教育訓練も限られた時間では最低限のことしかできません。ですからマニュアルも短時間で教育できるようにつくられていなくてはなりません。教えることはできるだけシンプルにしてむしろ実際に操作することでの教育訓練のほうが効果的といえるでしょう。

　別のハンディターミナルを使用しての方法としては、一部の作業者のみがハンディターミナルを使用するというものです。ハンディターミナルを持たない多くの作業者は商品の数量をカウントした後にその数量を棚に付箋で貼り付けます。そしてハンディターミナルをもった作業者が商品のバーコードをスキャンし、棚に表示されている数量を入力するというものです。

　この方法は、1SKU あたりの商品数量が多い場合に有効です。つまり入力する作業よりもカウントする作業の比率が高いからです。逆に、書店のようにSKU 数は多いが 1SKU あたりの商品数量が少ない（書店などは棚に陳列してある商品は 1～2 冊が多い）場合はスキャン作業の比率が高いので、ハンディターミナルの数量設定を 1 としてしまえば、スキャンするごとに自動的に数量 1 となり、いちいち数量を入力することなく 1 つずつすべての商品をスキャンだけすればよいのです。この方法ですと、カウント作業を行う者は基本的に全員ハンディターミナルを持つわけで、数量入力がない分だけ作業も単純なので数量入力作業に比べると難易度が下がり、事前の教育もやりやすいでしょう。

　全員がハンディターミナルを持って行うためには人数分のハンディターミナルを用意しなくてはなりませんし、より多くの棚卸作業者に対しての教育も必要となります。これらを考慮して、棚卸を行う前に全体の作業者の中でどのくらいの作業者がハンディターミナルで入力作業を行うのかを検討し、決めておくべきです。

6-4 進行管理と作業チェック

> **Q** チームリーダーの役割は棚卸作業が計画どおりに進んでいるか、そしてチームメンバーが正しい方法で作業をしているかを確認することだと教わりました。それでは具体的にどのような視点で行うのがよいのでしょうか？

> **A** 第一の前提はチームリーダーは誰なのか、自分たちはどの範囲でどんな作業をするのかをメンバーが知っていることです。そして、事前の研修で教えられたとおりに正しく行われているかを点検するのが最大のポイントです。進捗管理はチームリーダーの役目ですが、適宜その報告を全体責任者にすることで必要に応じて作業割当の変更などをいち早く行うことができます。

解　説

1　作業のチェック

　棚卸の成否は事前準備に大きく依存しますが、それと同様に重要なのが開始してからの作業チェックです。すべての作業者が決められた手順やルールで棚卸作業を行っているかどうか、責任者は開始から１時間ごとには棚卸作業状況を現場で確認すべきです。多数の人間が日頃行っていない不慣れな作業を行っているのですから、全員が漏れなく正しく手順どおりに実施できていることは大変まれです。１人ひとりの作業状況を目で見て確認し、わからない点などないか聞き取りしていくのです。カウント作業者は自分から責任者に尋ねることはよほどのことがない限りしないものです。責任者自らが声をかけて尋ねないといけません。

　最初の確認を怠ると最後まで誤った手順で作業をしてしまいます。それに気がつかずに最終チェックの段階でそれが判明し、やり直しやデータの修正に手間取ることになりかねません。そうなれば棚卸結果の信頼性にも疑問が出てくるでしょう。正確な棚卸結果を得るためには作業者１人ひとりの状況をリーダーがていねいに観察し、確認しておくことが重要です。

　カウント作業中に発生する不明点は即時にその場で解決しなくてはなりませ

ん。ですから巡回以外の時間に自らカウント作業をする場合にも他のメンバーの近くにいて、すぐに対応できるようにします。不明な点を聞くためにカウント担当者に「うろうろ」と責任者を探すようなことをさせてはいけません。

　特に作業を開始してから最初の休憩をとるまでの時間帯はカウント作業のチェックに重点を置きましょう。

　棚卸責任者の業務としてもう1つの重要なことは、作業の進捗状況の把握です。多人数での棚卸の場合は複数のチームを設けて、それぞれのエリアを担当するチームリーダーが自らカウント作業を行いながら自分のチームメンバーの監督をします。

2　棚卸マップの修正

　棚卸マップは事前に作成され、直前にも確認されているはずです。しかし棚卸作業中に棚卸マップにはないロケーションが見つかることがないとはいえません。特に指定したロケーションに商品がないということは珍しいことではありません。その場合は棚卸マップの修正が必要であり、チームリーダーは、棚卸責任者に適宜報告しなくてはなりません。

3　精度維持のためのカウントデータチェック

　作業の途中での精度の確認には主にサンプリングチェックを用います。目的としては最終的なデータの精度を確保することではなく、各カウント作業者が正しく作業ができているか、その結果として正しくカウントしているかを確認するためのものだからです。

　また、単に数量のミス以外のミスも存在します。例えばロケーション番号が重複している、あるいは欠落しているといったものです。棚卸責任者は棚卸マップを使用して進捗管理をしていますが、マップ上は完了しているはずのデータが見つからないといったこともあります。この場合は、もともとカウントを終えたつもりだったが、終わってなかった、もしくは別の誤ったロケーション番号を使用してしまったことなどが考えられます。

4　精度不良者への対応

　カウントデータのチェックの結果からミスがあったカウント担当者は、同様のミスをしていないか気になるところです。ミスはカウントデータのチェックをした箇所だけなのか、他の場所ではどうなのか確認することが必要です。ランダムチェックの場合は精度確認のために追加のロケーションでのカウントデータのチェックを行うことが必要となります。もちろん棚卸責任者が判断して行うこともできますが、事前にミスの程度やミス箇所の数などの基準を設けて、それに該当する場合は、再度チェックするなどのルールを定めて、記録を残すといったことも必要です。

　精度チェックは棚卸全体が終了した後ではなく、途中で行うことが望ましいです。というのもカウントミスの多い担当者をいち早く見つけ出し、手順の確認、再度指導して作業の確認をする必要があるからです。また、そのカウント担当者の数値に信頼性が置けないと判断した場合は、それ以降カウント作業をさせずに他の作業に変更すること、さらにはすでにその担当者がカウントしたロケーションのデータを一旦削除して、再カウントするか全品チェックをするといった対策をとることもあります。

5　休憩の取り方

　棚卸作業には集中力が必要です。商品の数量を漏れなく1つも間違えないで数え、そして入力することは思った以上に大変な作業です。重いものを運搬するといった作業に比較すると肉体的な疲労はさほどではありませんが、神経を研ぎ澄まして頭をフル回転させているのですから、定期的に休憩をとることは棚卸の精度を高めるためにも、作業効率を高めるためにも非常に重要です。

　作業時間2時間程度を目安に15分程度取りましょう。作業が遅れそうなのでそれをカバーするために休憩を取らないのは逆効果で、結果として作業の遅れやミスを誘発します。また、棚卸作業では通常の営業時の従業員の人数に比べてより多くの人が作業をしており、休憩スペースも限られていますから、棚卸実施責任者は、チームごとに交代で休憩を取らせるのがよいでしょう。休憩の開始と終了はその都度明確に全員に伝えます。規律ある集団としての行動ができるようにしましょう。

　閉店中の棚卸の場合は、営業している時とは異なり、解放感を感じる従業員も中にはいるかもしれません。全員が作業再開に遅れることなく、すばやく行動できるようにしましょう。

6　作業割当の調整

　陳列されている商品や作業者の能力によって作業の生産性は異なりますから、チームメンバーが同時に終わることはないのです。当初の作業割当をできるだけ変更しないほうがよいのですが、場合によっては途中で作業の割当を変更することが必要になることがあります。チームメンバーがほぼ同じ時間にカウント作業が終わるように調整するのも棚卸責任者やチームリーダーの役割の1つです。

7　計画の修正

　計画どおりに作業が進行することはなかなかありません。売場の状況や理論在庫の情報からある程度事前に作業量を見積もることはできますが、作業者の能力や、売場の状況などで計画から乖離してしまうことは珍しいことではありません。

　棚卸責任者は棚卸作業の進捗状況を1時間ごとに売場を回って確認すると同時にエリアごとのチームリーダーとも確認しあいましょう。また、計画の変更は早めにすべきです。売場ごとの当初の割当て人数を変えずに、終わったエリアから遅れているエリアにカウント作業者を送るのは、よい方法ではありません。むしろ早く終わりそうなエリアから早めに遅れ気味のエリアに一部の担当者を移動させるほうがよいのです。

　ここで1つの例（**図表6-11**）で説明しましょう。この計画では、51人のカウント担当者が6時間で終了する計画となっており、それぞれのエリアに8名、20名、8名、15名を割り当てています。

　開始から2時間の段階での進捗状況は、エリア1は予定どおりで3分の1が終わっていますが、エリア4は25％の進捗で、このままでいくとあと6時間はかかると予測されます。一方、エリア2と3は計画よりも進んでおり、計画比で40％、あと3時間、全体として5時間で終了するとの予測です。

図表6-11　修正前の作業計画と進捗状況

| エリア | ロケーション（什器）数 | 計画人時 | 備考 | 開始から2時間までの状況 | | 終了予測時間 | 計画との比較 |
				終了ロケーション数	計画比%		
1	120	48	8名で6時間	40	33%	6.0	計画どおり
2	160	120	20名で6時間	64	40%	5.0	計画より1時間早い
3	70	48	8名で6時間	28	40%	5.0	計画より1時間早い
4	120	90	15名で6時間	30	25%	8.0	計画より2時間遅れ
合計	470	306		160	34%		

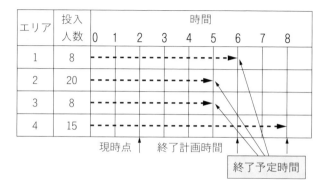

このままの人数でそれぞれのエリアで作業を進めると、まずエリア2、そして3の2つのエリアでは3時間後に作業が終了し、まだ終わっていないエリア4に、応援に入ります。すると当初からエリア4で作業をしていた15名に加えて、エリア2と3の合計28名がエリア4に投入されることになります。つまり棚卸開始から5時間後にエリア4に合計43名のカウント担当者が投入されることになったわけです。しかし、エリア4の限られたスペースでこれだけの人数が作業をするわけですから、次にあげるようなさまざまな不都合が生じてしまいます。

- 進行が最も遅れている売場に最後に多くの作業者が集中してしまい、該当エリアを担当するリーダーが的確な作業割当ができなくなり混乱が発生する。
- 応援に入った28名は今まで担当していた売場と異なる別の売場の商品や作業

に慣れていないために、疑問点、不明点が多く、ミスも発生しやすい。

● 売場移動にかかる時間や手待ち時間が増えて、全体として作業時間が増える。

　このような問題が発生するので、よいことは１つもありません。実際４人の作業者に15分の作業をさせるよりも１人の作業者に１時間作業させるほうがミスも少なく、作業効率は高いのです。

　それではどのように計画を修正すればいいのでしょうか。このままの作業人数ではエリア２と３は残り３分の２を３時間で終了してしまいます。これを計画どおりに４時間後に終了させるのであれば、早い段階で一部のメンバーを減らすことです。

図表6-12　修正後の作業計画

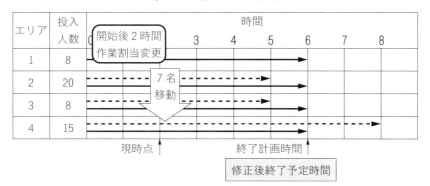

　エリア２と３を計画どおり６時間で完了させようとすると余剰が28人時あります。つまりその分だけエリア４に回すことができるわけです。28人時ですから４時間作業をするとして、７名がエリア２と３からエリア４にこの時点で移動すればよいのです（**図表6-12**）。

　当初の計画はあくまで計画であり、そのとおりにいくとは限りません。しかし、早めの計画変更で、作業終了時の混乱をなくし全エリアともに計画時間どおりに作業を完了することができるのです。棚卸責任者は数値をもとに進捗管理を行い、計画との乖離を発見した場合はいち早く計画変更の手を打つべきなのです。これによって棚卸の品質（精度）や作業生産性（棚卸のコスト）を改善できるのです。

6-5 精度の確認と監査

Q 棚卸カウント作業の正しさ、精度の確認はどのような手順で行えばよいので
しょうか？

A すべてのデータをチェックすることは困難です。また、それだけの時間をかけ
て行うこともあまり意味がありません。基本的にはその中の一部を取り出して
チェックを行います。また、それとは別に棚卸に直接関わった棚卸実施責任者
以下作業者ではない者による監査も重要です。特に正しい手順で行われている
か、また、棚卸結果についての必要な帳票類があるかどうかなどの監査を行い
ます。

解 説

1 精度確認の方法

精度確認の方法としては全品をチェックする方法、全品チェックではなく一
部の商品についてランダム（無作為）に行うサンプリングチェック、理論在庫と
の差異リストを出して該当商品だけ再カウントを行うリコンシリエーション
（差異調査）があります。

理論在庫との差異リストの再カウントについては次節の「終了確認からデー
タ処理まで」で説明しますので、ここでは主にサンプリングチェックについて
説明します。全品チェックを行うということは2度カウントすることと同様で
すから全体でもカウント時間は2倍かかってしまいます。

ですから一部の重要度が高いもの（例えば高額なもの）は全品チェックを行う
といった方法をとることがあります。

前節の進行管理と作業チェックでも触れましたが、カウントした数値が正し
いか、正しい手順で行われたかのチェックは必ず行う必要があります。またこ
の作業は、棚卸責任者もしくはエリアを担当するチームリーダーの役割です。

カウントデータのチェックは一部のデータを抜き取って行う、いわゆるサン
プリングです。このようなチェックが行われるということは事前にカウント作

業者に説明しておかなくてはなりません。また、どのロケーションがサンプリングの対象になるかについてはカウント作業者に知らせてはなりません。

　カウント作業者は、サンプリング箇所はわからないが、自分が担当する売場のどこかのロケーションでのチェックが行われることを知るので、いい加減に行うことができません。

　作業者は与えられた時間内に自分が担当する売場を終わらせなくてはならないという気持ちが強すぎるとどうしてもカウントミスを犯す可能性が高くなります。棚卸の目的や重要性を事前に十分に説明し、理解させたつもりでも、それだけでミスを防ぐことはできません。カウントミスを最小限にするための“けん制機能”がサンプリングの目的の 1 つでもあります。

　当然のことながらカウント作業者が自らカウントしたロケーションのサンプリングを行うことはありません。できれば棚卸責任者やチームリーダーが行えるのが望ましいのですが、彼らもさまざまな役割を果たさなくてはならないので、代行して一部のカウント作業者が行う必要も出てきます。その場合は、正しいカウント作業手順とサンプリングの手順を熟知している者に行わせるべきです。棚卸責任者もしくはチームリーダーから指名された者は、サンプリング手順を忠実に行いその結果を報告する責任があります。知識も不十分で経験の浅い作業者にはやらせてはいけません。とにかく棚卸を早く終わらせたくて、手が空いている人間にやらせるなどしてはいけません。

　チェック方法は棚卸の方法によって異なります。棚卸票を使った場合は、カウントの終了した棚卸票のルールで指定されたロケーションと SKU を現物と突き合わせることですが、ハンディターミナルを使用した棚卸の場合も一旦入力したデータを何らかの形で印刷することが多いです。

　もちろん、商品と数量チェックが最大の目的ですが、カウント手順ルールが守られているかも重要です。カウント順序やカウント終了を示すサインがルールどおりではないかどうかといった視点も重要です。もし手順が誤っていればカウント数量も誤っている可能性が高いからです。

　サンプリング箇所でのデータが正しければよいのでしょうが、サンプリングによるチェックでは他の大部分の売場は当然のことながら正確であることを保証するものではありません。そのためにもカウント手順から逸脱した場合は、

それを行った作業者に対して追加のサンプリングチェックなどをして精度を確認するとともに、本人になぜ手順ルールどおりにカウントしなかったのか聞き取りをすべきです。

2　サンプリングチェックのタイミングと量（比率）

　前項ではサンプリングチェックを早めに行うべきだと述べました。しかし、その後はサンプリングチェックをしないのかというとそうではありません。1度行えばそれ以降は行わないことを知っているカウント作業者は、正確さよりも早くカウントを終わらせることを優先させようとするかもしれません。

　また、サンプリングチェックは、個々人の精度や作業手順を確認するという目的と、正確なカウントをさせるために牽制する目的があるとも述べました。

　しかしサンプリングチェックにはもう1つの目的があります。それは全体の棚卸データの精度を保証するためのものです。

　理論在庫と実在庫データとの突合により最終的な棚卸データを確定するならば必要ありませんが、SKU ごとの理論在庫を棚卸時に使用しない（もしくは持っていない）場合はサンプリングによって精度を確認するのです。

　その場合、サンプリングは全体のどのくらい行えばよいのでしょうか。その一般的な答えはあるのでしょうか。統計的にこれだけ行えばよいという基準はあるのでしょうか。

　もちろんそれを求めることは可能かもしれません。しかし、その前提は求める精度と費用です。これは経営側としてとても悩ましい問題です。粗利益率が0.1％違ったとしてもそれを許容範囲とするのか、より精度を求めるのかの判断は事業の種類とその経営者の判断に委ねられます。

　サンプリングをランダムに行うことでカウント作業者に対しての牽制になることはすでに説明したとおりです。しかし必ずしも同じ比率で行うことがよいわけではありません。同じ1個のミスも在庫数が少ない高額な商品であれば、間違いは許容できません。一方で数量が多く、例えば100円の商品であれば、1個の誤差を許容してもよいのかもしれません。

　重点的にミスが発生しやすいもの、全体への影響度が大きな部門やカテゴリー、もしくは前回の棚卸で大きなロスが発生した売場など優先順位をつけて

バランスよく考慮して決めるという考え方もあるでしょう。

　サンプリングチェックによって求められた精度はあくまでもそのロケーションでの結果でしかありません。チェックの量を増やせばたしかに全体の精度を高めることにつながるかもしれません。しかしその一方でコストは増大します。

　求める棚卸の品質、すなわち精度の目標はその目的と経済合理性を基礎として検討されるべきものです。

　しかし、重要なのはサンプリングチェック以前に、手順や作業方法についての十分な教育訓練と「いい加減さを決して許さない」というメッセージをしっかりと伝えること、そして厳密な管理体制なのです。

　下の表は棚卸の誤差が粗利益率の正確さにどの程度影響を与えるかについての計算例です。前提として誤差はプラスとマイナスが相殺された値です。

図表6-13　在庫回転率と棚卸誤差の許容範囲

在　庫回転率	棚卸の誤差				
	0.050%	0.100%	0.150%	0.200%	0.250%
1	0.050%	**0.100%**	0.150%	0.200%	0.250%
2	0.025%	0.050%	0.075%	0.100%	0.125%
3	0.017%	0.033%	0.050%	0.067%	0.083%
4	0.013%	0.025%	0.038%	0.050%	0.063%
5	0.010%	0.020%	0.030%	0.040%	0.050%
10	0.005%	0.010%	0.015%	0.020%	0.025%
20	0.003%	0.005%	0.008%	0.010%	0.013%
30	0.002%	**0.003%**	0.005%	0.007%	0.008%

　この表で見ると在庫回転率が1回転、つまり年間売上高と在庫高が等しい場合は、棚卸の誤差が0.1%あると、粗利益率に与える影響は最大－0.1%から＋0.1%となります。一方、在庫回転率が30回転あると棚卸の誤差が0.1%で粗利益率に与える影響は最大±0.003%となります。

　このように商品回転率の違いにより棚卸に求める精度は異なってくるという

ことです。

　実はこれは財務上つまり利益確定を目的とする場合です。商品管理という視点では必ずしも同じではありません。在庫の最適化、つまり欠品しないが、過剰な在庫を持たないという状態が維持されているのかどうかは、商品によって異なるために求められる棚卸（在庫数）精度も異なるからです。

3　監　　査

　棚卸や商品管理が適正に行われているかを確認するための監査立合い者が必要です。もちろんサンプリングチェックで精度の確認を行うこともその目的ですが、重要なのはルールと手順の遵守です。つまり当日の棚卸作業プロセスが定められたとおりに実行運営されているか、また当日の作業前までの段階で十分な事前準備ができているか、そして棚卸終了確認作業、帳票類も確認します。例をあげれば、事前準備では事前整理票に実施者の署名が漏れている、所定の事前整理票ではなく、メモ用紙などを使っている、といったこと、同様に棚卸を行っている際も定められた帳票が出力され点検されているかといったものです。

　棚卸責任者やチームリーダーはカウント作業者に対して監督しチェックしますが、監査担当者は棚卸責任者以下棚卸全体についての監査を行うのです。

　当然適任者は責任感と知識経験のある者です。棚卸を店舗任せにして監査立合い者を置かない、もしくは形式的にしか行っていないとすると社内の内部不正の温床になる危険性があります。長年店舗スタッフだけで棚卸を行っていた店舗が外部の人間が入ったことで、今までわからなかった不正が発覚したという事例もあります。

Column 8　棚卸作業と明るさ

　実地棚卸を行う上でその中心となる作業は、商品を識別してその数量（場合によっては売価も）を数えることです。数量を確定するのは作業者であり、その数量を自らの目でカウントします。明るい場所と暗い場所ではどちらが正確かつ迅速に商品とその数量を捉えることができるでしょうか。もちろん真っ暗では商品を見ることもできません。明るいというのが絶対条件です。ではどのくらいの明るさがよいのでしょうか。

　実は必ずしも明るいほうがよいとはいえないのです。明るすぎると逆に視力を落としてしまいます。物がよく見えるかどうかの指標には照度が使われます。一般に、まぶしさがなく、色の見え方に優れているなど照度の質がよければ、照度は高いほど「見る」という作業が行いやすくなるといいます。

　しかし、照度の質が良くても、およそ2,000ルクス以上になると作業のしやすさは高まらないのです。それなら店内の照明を2,000ルクスに調整すればよいではないかと考えるでしょう。ところが事はそう簡単ではありません。照明は天井にあり、光源から近い棚の上部が最も明るく、最下段、それも棚の奥のほうが暗くなってしまうのです。

　また、周囲の明るさと対象物の明るさの差によっても見え方が違います。周りが明るすぎると逆に視力は低下してしまいます。人間の体調によっても見え方が変わります。もちろん、その人が持つ視力にも差がありますから、これが最もよいとはいえないでしょう。「人間の網膜には明るい時に働く視細胞と暗い時に働く視細胞があるため、標準比視感度には明所視標準比視感度と暗所視標準比視感度がある」などと説明されています。

　場所によっても人によっても違う「見え方」。棚卸作業における明るさが作業の効率や精度に大きな影響を与えることもあるということを知っておいてください。照明を落としすぎたりするのはよくないでしょうし、一方で不必要に明るくすれば電気代も余計にかかってしまいます。

　棚卸責任者は明るさだけではなく温度・湿度といった作業環境にも気を配る必要があります。また、棚卸作業への集中力の低下が起きないように、休みなく長時間作業を続けることを避け、適度な休憩をとるような配慮も必要です。

6-6 終了確認からデータ処理まで

> **Q** 棚卸作業が一通り終わった後に行うべき作業にはどのようなものがあるでしょうか？　それを行う上でどのような点に注意したらいいでしょうか？

A カウント作業が終わるとほっとするものです。しかし、カウント作業が終わりカウントデータのチェックも終わったとしても、最終的な確認作業を確実に行わないと棚卸が終わったことにはなりません。データ集計やそのデータの確認作業なども確実に手順を踏んで行いましょう。

解 説

1 不明品の処理

　カウント作業中には商品にコードが付いていないものやマスターデータにないものが見つかります。特に衣料品などの商品情報は商品そのものではなく、取り付けられたタグにありますから、タグのとれた商品はカウントすることができません。また、化粧箱から出されて陳列している商品にもバーコードが付いていないことがあります。そのたびに作業を中断して調べていては時間がかかるだけではなく、作業の切り替えがミスを誘発するリスクもあります。ですから不明品を発見した場合は、売場から一旦撤去して別の場所に集めるといったルールにして周知すべきです。

　また、大型商品で移動が困難な場合は、何らかの印をつけて、誰にどのような形で報告するかも定めておきましょう。

　不明品は棚卸責任者もしくはそのエリアを担当するチームリーダーがまとめて調査し、別にロケーションを設定して集計します。いちいち陳列されていた元のロケーションで入力することはミスの原因となるだけではなく、別のロケーションで集計することで事前準備の問題点など管理上の改善点を見つけることにつながります。

　棚卸ごとの不明品の数は重要なデータで、売場の管理レベルの指標にもなるわけです。本来は商品に顧客が必要とする価格などの情報が欠落してはいけな

いのですから、こうした問題をうやむやにするのではなく、売場の改善につなげるべきです。

2　不良品の処理

　棚卸作業中に、汚れた商品や破損した商品が見つかることがあります。当然そのまま売場に置いておくわけにもいきません。これも発見次第、特定の場所を設定してそこに集約させるように事前に全作業者に周知徹底しなければなりません。

　集めた商品は取り決めに従い、廃棄もしくは返品などの処理をする必要がありますが、不良品には廃棄処理以外に取引先との取り決めで返品するもの、値下げ処理するもの、加工して販売する場合もあります。

　本来廃棄や値下げ作業は棚卸前に行うべきです。しかし、それでも棚卸の中で発見されることはあります。

　これも不明品と同様に棚卸時に何がどれだけ不良品として発見されたかについて記録をしておきましょう。これも日常の商品管理レベルを測る物差しになります。

3　ロケーション終了チェック

　最終的なチェック作業の1つに、棚卸に漏れや重複がないかを確認することがあります。つまり棚卸マップ上にあるすべてのロケーションの棚卸データもしくは棚卸票が存在し、同じロケーションが重複していないということを確認するのです。これは棚卸票でも棚卸データでも変わりはありません。このようなチェックをミスなく効率よく行うためにはできるだけ連続番号でロケーション番号の附番をするとよいでしょう。

　ここで発見されたロケーションの欠落や重複はかならず現場に行って確認しなくてはなりません。安易に帳票だけをもとに修正処理をすることでミスをより大きなものにしてしまうことがあるからです。

　それではこのようなミスの原因は何でしょうか。主なものを以下に述べます。

①　単純なロケーションの欠落：チームのリーダーによる作業者への作業指示が漏れていた、もしくはカウント作業者が失念した場合に起きます。棚

卸票を使用した場合は、該当するロケーションの棚卸票が使用されていないことからも判明します。

② 単純なロケーションの重複：チームリーダーが誤って同じロケーションを複数の作業者にカウント指示していた場合、もしくは作業者が指示されていないロケーションを誤ってカウントした場合に起こります。

③ ロケーションの入力（記入）による重複と欠落：誤ったロケーション番号を入力（記入）してしまった場合、それに加えて、次のロケーション番号の入力を忘れて、次のロケーションも同じロケーション番号でカウントした場合があります。ハンディターミナルの操作に慣れていないと、このようなミスが発生しがちです。

④ 棚卸マップの誤りによる重複と欠落：作成した棚卸マップに同じロケーション番号が複数使用されていた場合、また、欠番がある場合があります。もちろん欠番だとしても棚卸マップにないのであれば問題はありません。事前の棚卸マップの点検は重要です。

4 集計作業

現在は、コンピュータを用いたシステムによってその場で集計が即時に行われることがほとんどです。また、棚卸票などの帳票を使用した場合には数日かかることもあるでしょう。集計が遅くなればなるほど不明ロスの調査が十分に行えません。できるだけ早くその場で集計できるシステムを使用すべきです。一方で期中の仕入の確定が遅れると棚卸結果が出ても不明ロス調査ができません。そのようなことがないように計画的に処理できるようにしましょう。

5 差異調査（リコンシリエーション）

棚卸終了後に即時に集計ができれば、あるべき在庫、すなわち理論在庫との差を調査することができます。集計作業ができないと差異調査ができないはずですが、売場をいくつかのエリアに分けて部分的に集計できればその部分の差異を確定することが可能です。しかし注意しなくてはならないのは、必ずしも1つの商品が1箇所にあるとは限らないことがあることです。その心配がないように明確にエリアが分かれている場合にのみ部分的な差異リストを出力でき

ます。

　差異リストを出力し、差異の大きなもの、場合によっては差異のあったものをすべて調査します。

　理論在庫は棚卸を開始する前までの商品の入荷と売上情報がないと求めることができませんし、それが正しくなければ、差異は多く発生します。自動発注のための基礎データとして、またeコマースを運営する上での必要性から理論在庫の修正が必要であるとの判断があれば、すべての差異のあるSKU、もしくは対象カテゴリーはすべて再調査をすることが望ましいといえるでしょう。

　非常に多種多様な商品を扱っており、限られた人と時間では、すべてを調査することは難しいかもしれません。その場合は一定の金額や数量の基準を設けて、その基準を超えたものについて再調査を行うことになります。

　優先的に再調査をすべき部門カテゴリーを決める上で、売上構成比の高い部門やカテゴリーを選ぶという考え方もあります。

　差異調査の方法で注意しなくてはいけないのは、差異リストの数値を見てから実物をカウントしないことです。1人で差異リストを見ながら再カウントするこ

図表6-14　差異調査の優先順位の例

売上高構成比	在庫高構成比
60%	25% |←優先的に再調査を
25%	40%
10%	20%
5 %	15%

とはできませんから2人1組で行うことが望ましいです。その場合は1人が差異リストを持ち、差異のある商品をカウントする者に示します。そして再カウントした結果を差異リストに書き込んでいきます。つまり差異リストの数値を見て（知って）再カウントをすると、カウント作業者はできるだけ早く作業を終わらせたいのでカウントをせずに理論在庫と同じ数値に修正しようとするかもしれません。決してカウント作業者に事前に理論在庫を教えてはいけません。

　差異は2種類です。実在庫が理論在庫より少ない場合と実在庫が理論在庫より多い場合です。前者は、あるはずの商品がなくなっているわけで、後者は、その逆なので「逆ロス」と呼ばれています。逆ロスについての詳細は第3章第4節で説明しています。

6-7 棚卸終了後の作業

> **Q** 終了確認が終われば多くの従業員の仕事はありません。そのまま退社させて
> いいでしょうか？　もしくは他にやるべきことはありますか？

A 棚卸直後、その日のうちに売場復元作業だけは行う必要があります。また、棚
卸日の数日後には、棚卸責任者やチームリーダーなどが集まって反省会を開き
ましょう。また、棚卸で作成した帳票類も整理して保管しておきましょう。

解　説

1　売場復元作業

　棚卸の終了後、まず行わなくてはならないのが翌日の営業に向けての売場復
元作業です。棚卸のために乱れた売場の商品整理、フェイスアップ、棚卸のた
めに貼付したさまざまな表示物の撤去も必要です。また、棚卸の対象とならな
いサンプルなど一旦売場から撤去しているものがあれば、それらも元の売場に
戻さなければなりません。

　しかし注意しなくてはならないのが「**棚卸完了までは売場復元作業は絶対禁
止**」です。この完了とは、自分が担当している部門やカテゴリーはもちろん、
すべての売場が完了するまでは絶対に商品を動かしてはならないということで
す。精度チェックが終わり、ロケーションの重複や漏れの確認などの最終チェッ
ク作業が終わり棚卸責任者が棚卸の終了を宣言しない限り、例外なく売場復元
作業を含む商品の移動は一切行ってはいけません。

　復元に時間がかかるような売場についても、勝手な判断で復元作業を行うの
ではなく、あくまでも棚卸責任者が認めた売場以外は、復元作業はできません。

2　総括反省会

　棚卸が終わった後にできるだけ早いうちに関係者が集まって、反省会を実施
しましょう。棚卸責任者、エリアごとのチームリーダーに加えて、店長や部門
責任者も出席して行うのがよいでしょう。というのも事前準備などは部門責任

者がその責任を負っているからです。

　作業上の問題点、事前準備の問題点、作業計画と実績の差など次回に向けて改善すべき点が多くあるはずです。記録として残し、次の棚卸に活かしましょう。そのまま反省会もせずにいると次回も同様の失敗を重ねないとも限りません。不徹底を放置したのでは進歩がありません。棚卸の結果はもちろん重要です。しかし、その結果は、棚卸のプロセスそのものから得られるものです。1つでもプロセスを改善できれば次回以降の棚卸でより良い成果が得られるのです。

3　帳票整理保管

　棚卸に使用した帳票類などは後になって再調査をする場合もありますから、整理・保管しておかなくてはなりません。**図表6-15**は、保管すべきものの規定の例です。この例のように帳票類の保管についての明確な規定を定め、そのとおりに運用しなければなりません。また、電子データで保存しておく場合も同様に規定を定めておかなくてはなりません。

図表6-15　帳票の整理と保管

帳票の種類	備　考	保管場所	保存期間	処分方法
● 最終報告書（ロケーション別） ● 各種棚卸票 ● 棚卸票コントロールシート	エリアごと、ロケーション順にまとめる	店舗 〃 〃	7 年 〃 〃	焼却 〃 〃
● 棚卸マップ ● 棚卸組織図 ● 事前準備チェックリスト ● 棚卸監査報告書 ● カウントデータチェックリスト ● 棚卸反省会議事録	エリア順に折り畳み表紙をつける エリア順にまとめる	店舗 〃 〃 〃 〃 〃	1 年 〃 〃 〃 〃 〃	焼却 〃 〃 〃 〃 〃
● 最終報告書（部門別） ● 差異調査分析報告書		本部 〃	7 年 〃	焼却 〃

バーコードから RFID へ

　現在、ほとんどの商品にバーコードが印刷されているか貼られています。バーコードをスキャンしさえすれば、そのバーコードと紐づいた商品として計上されます。棚卸なら在庫、レジでなら販売です。

　バーコードが発明されたのは1948年といわれていますが、実際に広く使われるようになったのは1970年前後からです。

　日本では1970年代に一部導入されていましたが、普及には至らず、標準化に向けての作業が進められていました。それが大きく社会に広がるきっかけになったのは1984年にセブン-イレブンがバーコードとPOSシステムを導入したからです。その後幅広く日本国内に普及し、今ではどの店でも当たり前のようにバーコードをスキャンして商品が販売されるようになりました。

　さて、現在バーコードに代わる技術として注目されているのがRFIDです。バーコードと異なる点は、第一にバーコード・スキャナーとバーコードはある程度近づけないと読み込むことができないのに対して、RFIDはリーダーとの距離が離れていても読み取ることができることです。

　したがって棚卸も1つひとつ商品のバーコードをスキャンする必要がありません。全部の商品にRFIDが付いていると棚卸作業を短時間で終えることができます。

　現在、実用化されている分野は一部のアパレル店、家電、図書館などです。書籍でも検討されているようですが、まだ実用化には至っていません。

　導入の阻害要因はRFIDタグの価格といわれています。商品自体がある程度高額であれば価格に占めるRFIDタグのコストは相対的に小さいものですが、販売価格が数百円のものではコストがかかりすぎて導入は難しいと現段階では考えられています。

　RFIDにはもう1つの特徴があります。ユニークコードだということです。バーコードの場合は、1つの共通のバーコード番号で管理されますが、RFIDは同一商品でも個別に番号があるということです。同じブランドで同じデザイン・カラーで同じサイズのTシャツは、販売する店では異なりますし、同一店内にある在庫のそれぞれが異なるID（番号）を持っているわけです。

第 7 章

ロス原因と
その対策

7-1 ロスとは

> **Q** 一言でロスといいますが、ロスとは具体的にどのようなものでしょうか?

A たしかに一言ではいえないですね。ロスの分類にはいくつかの切り口があります。1つは原因によって分類するもの、実地棚卸をせずともわかるロスと棚卸をしないと確定できないもの、機会ロスなどといわれているものもあります。ロスという言葉をより広義にとらえて、失ったものはすべて「ロス」という言葉で一括りにすると人件費のロスなどといった言葉も使われることもあります。

解 説

1 ロスを定義する

　上記のロスをすべてロスにすべきかは目的によって考えられるべきです。実地棚卸に最も強い関連があるのは、不明ロスと呼ばれるものです。ここでは販売機会を逃した機会ロスは対象から外します。本書で述べるロスとはあるべき在庫と利益が損なわれた場合のロスをテーマとしています。

　あるべき在庫とは何でしょうか。いうまでもなく商品の出入り、つまり販売と仕入に関するものですが、すでに「2-1　財務上必要な棚卸」でもあるべき在庫がないものを指してロスであると説明しています。一方で期中に値下げ、もしくは販売できなくなってしまった時の廃棄などもロスと呼びます。フードロスといった言葉も最近よく聞く言葉です。しかし、商品の値下げや廃棄はその都度記録を取ることで把握できます。一方、原因がわからない不明ロスは実地棚卸をして実際に数量を確かめないとわかりません。したがって前者を「既知ロス」、後者を「不明ロス」と分けて考える必要があります。

　実地棚卸をせずともわかる廃棄ロスや値下げロスは、実地棚卸にまったく関係がないというわけではありません。既知ロスはその都度ルールで定められているように値下げ、廃棄伝票(今はハンディターミナルでスキャンして数量や売価情報を入力するだけで伝票起票をせずとも処理できます)を作成しなかった場合には実地棚卸をして初めて発見できます。つまりこれも不明ロスの原因の1つと

なります。

　それでは実地棚卸を行って初めて判明するロスにはどのようなものがあるで
しょうか。

図表7-1　不明ロスの種類

不明ロス

1　**不正不当によるロス**（悪意のあるロス）
　1-(1)　内部の者によるロス
　　　1-(1)-①　商品（商品の持ち出し、店内での飲食などの消費）
　　　1-(1)-②　現金およびクレジットなど（返品返金処理の悪用や外部の
　　　　　　　　人間との共謀によるもの）
　1-(2)　外部の者によるロス
　　　1-(2)-①　来店する不特定多数の人間によるロス（多くの場合、売場
　　　　　　　　には自由に入ることができるため）
　　　1-(2)-②　取引先などによるロス（サプライチェーンの各々のプロセ
　　　　　　　　スでも起きるもので、製造加工工場、輸送途中、保管倉
　　　　　　　　庫、および店舗を含む）
2　**手続きミス、作業ミス**（悪意のないロス）
　2-(1)　検収・納品・伝票ミス・漏れ
　2-(2)　実地棚卸ミス（期首在庫の棚卸で漏れが発生した場合は、逆ロスが
　　　　　発生。一方、期末棚卸での漏れは正のロスが発生）
　2-(3)　レジにおけるミス（登録もれ、二重登録、登録の誤り、返品処理の
　　　　　誤り、現金つり銭の違算など）

　図表7-1のように大きく分けると、不正・不当（窃盗行為や詐欺行為などの犯罪）
行為によるロスと手続きや作業ミスなどといった人間の誤りによるものです。
人間はミスをしがちです。100％間違えないということはありません。ですから
よりミスの発生が起きにくいしくみや手順に変えること、その業務に携わる人
すべてが例外なく手順を守ることで100％に近づけることができます。つまり上
表「2　手続きミス、作業ミス」を限りなく少なくしていくことがその対策に
なります。一方、内部・外部の不正行為を防ぐためにはさまざまな方法があり
ますが、それぞれ別に考えるのではなく、同時に取り組まなくてはなりません。
それは後述します。

7-2 ロスが経営に与える影響

> **Q** ロスが大きいと経営的には大問題なのはわかりますが、具体的にどのような
> 影響があるのでしょうか?

A 単純にロスとは利益を失うことですから経営上大問題であることには違いあり
ません。しかし、単に生じたロスの金額が失われただけではなく、ロスへの対
策にかかる投資や経費、さらには人件費など、経費増にもなりかねません。ロ
スを防ぐためにはそのような経費を効果的に使うことで、経費に見合った成果
を上げなくてはなりません。

解 説

1 ロスの経営への影響の具体的数値

ロス率は多くの場合、売上高に対する比率で表されます。たとえば10億円の
売上高に対してロスが1,000万円あると、ロス率1%となります。もしこのロス
率を0.1%改善できるとどのくらいの効果があるのでしょうか。金額では100万
円です。なんだ100万円かと考えても不思議はありませんが、実はこの100万円
にはとても大きな価値があります。

この例をもとに考えてみましょう。ここでもう1つ前提条件を加えます。営
業利益率です。営業利益率とは売上高に対しての営業利益高の比率です。ここ
では2%としましょう(経済産業省の「商工業実態基本調査」によれば製造業の平均が
4.0%、卸売業が1.1%、小売業が2.1%となっています)(以下、金額単位は100万円)。

営業利益高 = 1,000 × 2% = 20

ロス率0.1% = 1,000 × 0.1% = 1

ここでロス率を0.1%改善した場合の営業利益高を求めます。

ロス率改善後の営業利益高 = 20 + 1 = 21

では、ロス率も営業利益率も変わらないとして同額の2,100万円の営業利益高
を得るためには一体いくら売上を増やさなくてはならないのでしょうか。計算

してみましょう。

必要売上増加額 ＝ 21 ÷ 2 ％ － 1,000 ＝ 50

　つまり売上高10億円でロス率をわずか0.1％改善することと5,000万円の売上
増と同じ価値があるということです。もちろんこれに加えて販売管理費の売上
に対する比率（販管費率）が同じという前提条件があります。販売管理費の大半
は人件費や販促費など売上高が増えると同様に増える変動費です。それをわか
りやすくしたのが**図表7-2**です。

図表7-2　ロス率改善の価値

改善 ロス率	営業利益率						
	4.0%	3.5%	3.0%	2.5%	2.0%	1.5%	1.0%
0.1%	103%	103%	103%	104%	105%	107%	110%
0.2%	105%	106%	107%	108%	110%	113%	120%
0.3%	108%	109%	110%	112%	115%	120%	130%
0.4%	110%	111%	113%	116%	120%	127%	140%
0.5%	113%	114%	117%	120%	125%	133%	150%
0.6%	115%	117%	120%	124%	130%	140%	160%
0.7%	118%	120%	123%	128%	135%	147%	170%

　この表の縦軸にはロス率の改善率、横軸に会社の営業利益率を示しています。
そして、改善ロス率と営業利益率の交叉するところに改善したロス率と同じだ
けの営業利益高を実現するために必要な売上伸長率が示されています。
　この表は、わずか0.1％ロスを改善することと売上を３％～10％増やすことと
は同じ価値があることを示しています。また、営業利益率の低い企業ほどその
影響が大きいことがわかるでしょう。営業利益率１％の企業はロス率を0.5％
改善することと売上を1.5倍にすることは経営上同じ価値があるといえます。
売上をいきなり1.5倍にすることは至難の業です。しかし現状のロス率が１
パーセントだとすると、ロス対策に真剣に取り組み、ロス率を0.5％にすること
は不可能ではありません。このようにロス削減の取り組みがいかに企業の業績

に大きな影響を与えるのかがわかります。

　ロスは見えにくいものです。しかし売上高は日々目に見えます。したがって多くの人が売上に対する関心ほどのロスに対する関心が低いのはわかります。しかし、ロス削減の意義は非常に大きいということについてここで理解していただきたいと思います。

　ではどのようにロスを削減するかについては、後述します。

2　ロス対策の経費と投資

　もちろん、だからといってロス対策のために過剰な投資や経費をかけたのでは意味がありません。ではどのような投資や経費が必要となるのでしょうか。大きくは設備機器への投資があります。万引・窃盗など外部の不正対策として店舗などでよく導入されているのが防犯カメラです。同様に用いられるものとして EAS（Electronic Article Surveillance）があります。防犯ゲートなどとも呼ばれるものですが、店舗の出入口に設置されているゲート様のものです。精算せずに商品を持ち出そうとすると商品に取り付けられたタグを検知して警報音が鳴るといったものです。

　これらの防犯設備は決して安価なものではありませんから、導入に関しては十分に検討した上でどのくらいの効果を見込むのか、その効果と投資のバランスはどうなのかを判断する必要があります。

　また、機器設備と異なり、大きな投資ではありませんが、防犯対策として活用されるものとして人的警備の導入があります。また、従業員教育も必要になります。チェーンストア企業の中には万引・窃盗被害を未然に防ごうと万引被害や不審人物の情報を店舗間で共有するシステムを導入している企業もあります。

　いずれにせよ、大きな被害があったから後先考えずに防犯対策にお金をつぎ込むことのないように注意が必要です。つまり企業として防犯対策のための計画的な投資と経費の予算化が必要です。

3　目標とするロス率は

　ではロス率はどのくらいがいいのでしょうか。また、目標はどのように決めたらいいのでしょうか。目標値を決めるときにどうしても同業他社との比較を

考えがちです。他社のロス率を調べることは日本の場合ほとんど不可能です。上場企業の事業報告にもロス率が示されていることはほとんどありません。しかし企業への聞き取り（アンケート）調査などで統計的に集計されたものもまったくないわけではありません。ですが調査方法やサンプル数などの理由からデータの信頼性という点では保証されるものではありません。そうはいっても他社のロス率はどうしても知りたいという要望が多いでしょうから、参考まで業種業態別の平均値を**図表7-3**に示します。

図表7-3　業種業態別ロス率

〔経年比較表/業態別比較表〕

業　種	回答企業数	有効企業数	第12回（平成29年度）1社平均	第11回（平成27年度）1社平均	第10回（平成26年度）1社平均	第9回（平成25年度）1社平均
全　体	474	161	0.42	0.41	0.49	0.65
百貨店	45	17	0.09	0.28	0.06	0.26
スーパー	107	33	0.56	0.45	0.28	0.88
婦人服・子供服	8	3	0.37	0.17	0.19	0.20
紳士服	2	1	0.01	0.01	0.00	―
カジュアル衣料	2	0	0.00	0.00	0.24	0.00
呉服	2	1	0.00	0.01	0.00	0.04
服飾・服飾雑貨	3	2	0.14	0.72	0.93	0.80
家具	1	1	0.00	―	0.00	0.06
家電製品	―	―	―	0.00	0.00	0.00
玩具・ホビー用品	2	1	0.01	0.53	0.47	0.11
書籍・文具	153	45	0.50	0.39	0.90	0.89
ドラッグストア	29	15	0.73	0.47	0.98	0.60
靴	5	2	0.17	0.03	0.28	0.03
時計・めがね	5	4	0.04	0.62	0.13	0.37
宝飾品	6	1	1.00	0.00	0.00	0.63
スポーツ用品	1	0	0.00	0.00	0.28	0.03
カメラ	―	―	―	―	―	―
楽器・CD・レンタル	43	16	0.31	0.24	0.31	0.59
ホームセンター・カー用品	19	9	0.37	0.76	0.49	0.53
総合ディスカウント	2	0	0.00	0.45	0.00	0.40
酒類	1	0	0.00	0.05	0.00	0.20
生鮮	9	1	1.32	0.23	3.57	0.50
価格均一ショップ（100円ショップ等）	―	―	―	0.00	0.00	0.28
その他専門店	22	8	0.24	0.68	0.52	0.14
生活協同組合	2	0	0.00	0.00	0.28	―
コンビニ・ミニスーパー	5	1	0.00	0.00	0.22	2.21

<特定非営利活動法人全国万引犯罪防止機構の調査による>

では、ロス率の目標をどのように設定したらよいのでしょうか。まずは現状を把握し、現状から○○％、もしくは半分にするといった設定もよいでしょう。ロス削減に対する取り組みは継続性が必要です。一時的にロス率が改善してもそれはロス率軽減への努力の成果であると一概にいえません。継続的にロス率が安定し、そして改善していくことが望ましい姿です。

　ここで1つの目標設置の基準を紹介します。ロスを議論する場合、対売上高で求めたロス率を用いて評価するのが一般的です。しかし分配率を用いることはロス率の目標設定にとても有用な方法です。分配率とは対売上ではなく、売上総利益、つまり粗利益高に占める割合をいいます（**図表7-4**）。

図表7-4　分配率

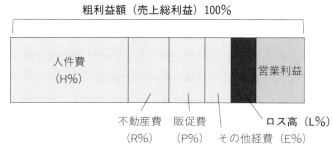

　図表7-5は、粗利益率と対売上高ロス率からロス分配率に変換するための表です。粗利益率が30％でロス率が1％ならロス分配率は3.3％となります。同様に粗利益率20％では、5％です。『棚卸し実務とロス退治』の著者である藪下雅治氏は、優良とするロス分配率の基準は2％未満としています。一方、ロス分配率が7％以上は危険な状態だととらえるべきだといいます。

　粗利益率20％であれば、ロス率0.4％以内にしないとロス分配率は2％以下になりませんし、1.4％以上は危険信号ということになります。粗利益率が30％であれば、ロス率0.6％が優良ラインで、2.1％以上では早急な改善が必要ということです。

　本節の例で考えてみましょう。売上高10億円で営業利益率2％、ロス率1％までは同じです。そして粗利益率が30％とします。ロス高1,000万円で粗利益高3億円です。粗利益高に占めるロス高（ロス分配率）を計算してみましょう（以

図表7-5　ロス分配率の換算表

粗利益率	ロス率																			
	0.2%	0.4%	0.6%	0.8%	1.0%	1.2%	1.4%	1.6%	1.8%	2.0%	2.2%	2.4%	2.6%	2.8%	3.0%	3.2%	3.4%	3.6%	3.8%	4.0%
20.0%	1.0%	2.0%	3.0%	4.0%	5.0%	6.0%	7.0%	8.0%	9.0%	10.0%	11.0%	12.0%	13.0%	14.0%	15.0%	16.0%	17.0%	18.0%	19.0%	20.0%
22.0%	0.9%	1.8%	2.7%	3.6%	4.5%	5.5%	6.4%	7.3%	8.2%	9.1%	10.0%	10.9%	11.8%	12.7%	13.6%	14.5%	15.5%	16.4%	17.3%	18.2%
24.0%	0.8%	1.7%	2.5%	3.3%	4.2%	5.0%	5.8%	6.7%	7.5%	8.3%	9.2%	10.0%	10.8%	11.7%	12.5%	13.3%	14.2%	15.0%	15.8%	16.7%
26.0%	0.8%	1.5%	2.3%	3.1%	3.8%	4.6%	5.4%	6.2%	6.9%	7.7%	8.5%	9.2%	10.0%	10.8%	11.5%	12.3%	13.1%	13.8%	14.6%	15.4%
28.0%	0.7%	1.4%	2.1%	2.9%	3.6%	4.3%	5.0%	5.7%	6.4%	7.1%	7.9%	8.6%	9.3%	10.0%	10.7%	11.4%	12.1%	12.9%	13.6%	14.3%
30.0%	0.7%	1.3%	2.0%	2.7%	3.3%	4.0%	4.7%	5.3%	6.0%	6.7%	7.3%	8.0%	8.7%	9.3%	10.0%	10.7%	11.3%	12.0%	12.7%	13.3%
32.0%	0.6%	1.3%	1.9%	2.5%	3.1%	3.8%	4.4%	5.0%	5.6%	6.3%	6.9%	7.5%	8.1%	8.8%	9.4%	10.0%	10.6%	11.3%	11.9%	12.5%
34.0%	0.6%	1.2%	1.8%	2.4%	2.9%	3.5%	4.1%	4.7%	5.3%	5.9%	6.5%	7.1%	7.6%	8.2%	8.8%	9.4%	10.0%	10.6%	11.2%	11.8%
36.0%	0.6%	1.1%	1.7%	2.2%	2.8%	3.3%	3.9%	4.4%	5.0%	5.6%	6.1%	6.7%	7.2%	7.8%	8.3%	8.9%	9.4%	10.0%	10.6%	11.1%
38.0%	0.5%	1.1%	1.6%	2.1%	2.6%	3.2%	3.7%	4.2%	4.7%	5.3%	5.8%	6.3%	6.8%	7.4%	7.9%	8.4%	8.9%	9.5%	10.0%	10.5%
40.0%	0.5%	1.0%	1.5%	2.0%	2.5%	3.0%	3.5%	4.0%	4.5%	5.0%	5.5%	6.0%	6.5%	7.0%	7.5%	8.0%	8.5%	9.0%	9.5%	10.0%

下金額単位は100万円）。ロス分配率の目標を 2 ％と置いて（対売上高）ロス率の目標を計算します。

$$300 \times 0.02 \div 1,000 = 0.006$$

　目標はロス率0.6％です。現状のロス率 1 ％を0.6％に改善しようというのですから、ロス削減目標は0.4％となります。この目標を図表7-2に当てはめてみると（改善ロス率が0.4％と営業利益率 2 ％）、売上を20％伸ばした場合と同じ価値があるということがわかります。

　この尺度で今一度自社の数値を見てみることをお勧めします。もし自社のロス分配率が 2 ～ 7 ％の間であれば、このロス分配率 2 ％を目安に目標値を設定することが目標としてふさわしいでしょう。

　日本の小売業の営業利益率は全体で 2 ％程度といわれています。製造業の値は 4 ％ですから、収益を上げることが大変難しい産業といえます。営業利益を改善するには売上を伸ばすこと、そして販売管理費を下げること、そしてこのロスを削減する、この 3 つの方策があります。どれがより重要かは判断の分かれるところかもしれませんが、少なからずロスの削減が経営数値の改善に貢献することは間違いありません。

7-3 棚卸ロスと不明ロス

> **Q** 棚卸ロスとよくいわれますが、棚卸ロスと不明ロスの違いについて教えてください。

A 棚卸ロスとは一般的に棚卸が終わったときに判明したロスのことを指します。したがって、不明ロスとほとんど同じ意味で使用されています。

解 説

1 棚卸で起きるロスと棚卸結果

　厳密にいえば棚卸を行った結果判明したロスと棚卸によって起きるロスとでは意味が異なります。棚卸を行った結果判明した実在庫と理論在庫の差が不明ロスです。これを棚卸ロスというのはやや問題があります。なぜなら棚卸によって起きるロスと混同される恐れがあるからです。

　それでは棚卸が原因で生じるロスとはどのようなものでしょうか。棚卸が原因ということは棚卸に何らかの問題があったということです。より具体的にいえば棚卸の数値が正しくなかったということです。

　図表7-6について説明をする前に不明ロスの求め方を示します。式の項目の前に示されている番号は、図表7-6の行の番号と同じものです（ここでは簡略化するために廃棄値下げロスはなかったものとしています）。

$$⑩（不明）ロス額 ＝ ②期首在庫高（売価）＋ ④期中仕入高（売価）$$
$$－ ⑤期中売上高（売価）－ ⑥期末在庫高（売価）$$

　ロス額がわかれば、ロス額が売上高に占める割合、すなわちロス率を求めることができます。

　それでは図表7-6を見てください。左側の表は今期の棚卸の結果求められた各数値ですが、正確な実地棚卸ができた場合（期末在庫が140）と棚卸で得られた期末在庫額が実際よりも少なく計上された場合（期末在庫が130）は、ロス率が3.4％から5.7％になってしまいました。この差は棚卸での（10＝140－130）誤差による

図表7-6　棚卸の誤りがロス率に与える影響

番号	項　　　目	今　期			翌　期		
		正しい	実際より少ない	実際より多い	正しい	実際より少ない	実際より多い
①	期首在庫高（原価）	100	100	100	97	91	102
②	期首在庫高（売価）	150	150	150	140	130	150
③	期中仕入高（原価）	300	300	300	290	290	290
④	期中仕入高（売価）	445	445	445	445	445	445
⑤	期中売上高（売価）	440	440	440	460	460	460
⑥	期末在庫高（売価）	**140**	**130**	**150**	**110**	**110**	**110**
⑦	原価率	69.0%	70.2%	67.8%	67.8%	66.9%	68.7%
⑧	粗利益率	31.0%	29.8%	32.2%	32.2%	33.1%	31.3%
⑨	粗利益高	137	131	142	148	152	144
⑩	ロス高	15	25	5	15	5	25
⑪	ロス率	3.4%	5.7%	1.1%	3.3%	1.1%	5.4%

ものです。

　逆に実際よりも期末在庫が多くなった場合はロス率が1.1%となり、実際よりも2.3ポイント良い値になりました。

　つまり今期末の営業成績は、棚卸を誤り実際よりも少ない在庫とした場合にロス率が上がり、実際よりも多い在庫とした場合は、ロス率は下がることになります。また、場合によっては逆ロスが生じることがあります。

　ところがその数値は次の期になると反転します。次の期の期末の正確な棚卸結果から求められる次期の成績は当期末の棚卸での誤りによって過少計上してしまった場合は、ロス率も低くなり、その逆に当期末の棚卸での誤りによって過剰に期末在庫を計上した場合は、次期のロス率は高くなり、営業成績も悪くなります。

　ここでわかることは、1回の棚卸の誤りがその期だけではなく次の期にも影響を与えるということです。

　それではこのようなことの原因は棚卸のミスだけでしょうか。実は他にも同

様に影響を与えてしまうミスがあります。今期の期末までに入荷した商品が来期の仕入として計上されたり、その逆に今期の仕入と計上されたにもかかわらず、商品は棚卸時には存在せず、その後入荷した場合です。期またぎでのこうした商品の出入りは棚卸の誤りと同様の結果を生みます。

これまでの議論で気づいたかもしれませんが、棚卸や入出荷データの棚卸前後での誤りがこのような状態を引き起こすので、継続してロス率を追跡するとその値は不安定になります。一方で継続してロス率が安定して変化が少ないのであれば棚卸や入出荷データ処理には大きな問題はなく、継続してロス率が高いとすれば、棚卸ではなく、別の原因、特に内外の不正にあると推測されます。

この結果を悪用した不正も起こりえます。つまり架空の在庫を計上して、期末棚卸資産を実際よりも多く見せるのです。方法は単純にデータ（棚卸集計額）上の数値を書き換えること、また、事前整理における事前カウントでリスト化するときに数量を増やしたり、商品の売価を変更するなどです。また、脚立などの使用が必要な高い棚にある商品はチェックがしづらいので、実は段ボール箱の中に商品がまったく入っていないことや少量しか入ってないのにそれを開梱していない正箱としてカウントするといった事例もあります。

このような不正を防止するためには事前カウントは必ず複数の人間でカウント作業および全数チェックなどを行うべきです。

図表7-7　ロス率の推移の例

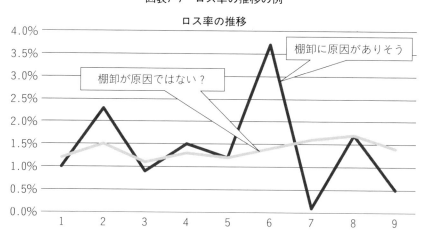

160

　上述のとおり、1回不正をすると次の期の棚卸を正確に行うことで発覚することがあります。発覚を防ぐためには架空在庫の計上を続けていかなくてはなりません。また、それが大変大きな額にならないとも限りません。複数店を持つチェーンストアなどでは、店舗間の人事異動などで前任者の不正が発覚することがあります。

　一方、棚卸ではなく、仕入による不正もあります。棚卸前、棚卸後の伝票処理のごまかしです。現物は入荷しているにもかかわらず、納品データ（伝票）は棚卸後で処理するのです。これも期末在庫を過大に見せる方法です。

　さらに悪質なのは、商品仕入担当者による不正です。売価還元法を評価方法として採用している場合に起こることです。棚卸直前になって高値入の商品を大量に仕入れるのです。これは棚卸在庫自体の量は正しいのですが、粗利益高が変わってきます。

　原価率は期首の原価合計と期中仕入高原価合計を加えたものを売上高と期末棚卸の売価で除したものです。実際の数値の例で説明します。

期首在庫高（原価）　800　　　期中仕入高（原価）　4,000
期中売上高（売価）　5,000　　　期末棚卸高（売価）　1,000
原価率 ＝（800 ＋ 4,000）/（5,000 ＋ 1,000）＝ 80.0%
粗利益率 ＝ 20.0%　　粗利益高 ＝ 5,000 × 0.2 ＝ <u>1,000</u>

原価合計1,000　売価合計2,000と値入の高い商品を仕入れる
期中仕入高（原価）＝ 4,800 ＋ 1,000 ＝ 5,800
期末棚卸高（売価）＝ 1,000 ＋ 2,000 ＝ 3,000
原価率 ＝ 5,800 /（5,000 ＋ 3,000）＝ 72.5%
粗利益率 ＝ 27.5　　粗利益高 ＝ 5,000 × 0.275 ＝ 1,375

　このように売価還元法では利益調整が可能なため十分に注意しなくてはなりません。

7-4 ロスの原因

> **Q** ロスの原因はどのようなものがあるでしょうか？ より具体的に説明をしてください。

> **A** 不明ロスの発生場所は大きく分けて店舗売場、レジ回り、そしてバックルームなどです。そして原因は大きく分けると内部の不正、外部の不正、そして手順からの逸脱もしくはミスとなります。

解 説

1 不明ロスの原因と発生場所

　ロスの原因は内外の不正・不当と、手続きミス、作業ミスです。また、店舗内で生じるといっても、売場なのか、バックルームなのか、レジ回りなのか、場合によっては店舗外で起きるかもしれません。どのような場所でどのようなロスの原因があるのか整理してみましょう。

2 売場：セルフサービスとロス

　広い売場に少数の店舗従業員では、完全に監視することはできず、もともと万引の防止は店舗従業員の主たる役割ではありません。したがって従業員の目の届かないところで商品を持ち出すこと、いわゆる万引を完全に防ぐことはできません。これはセルフサービスという販売方法に１つの原因があります。小売業が誕生した時には人が人に商品を販売するいわゆる対面販売が行われていました。つまりお客が直接商品に触れることはほとんどなかったわけです。ところがセルフサービスが大半の小売業で取り入れられるようになるとお客が店から商品を持ち出すことが多くなったのです。では外部ロスはどの程度あるのでしょうか。

　相当古いデータですが、わが国における商品ロス額とそれに占める外部ロスの比率を示します。

　また、万引の犯行数(警察に届けられた認知件数)は、毎年１万件弱あり、2021

図表7-8　わが国における商品ロス額とよび外部ロス額の推計値

年　　度	2011	2012	2013	2014
商品ロス率（%）	1.04	1.00	0.97	1.00
内外部ロス比率（%）	53.3	46.0	47.0	66.0
小売業販売額（億円）	1,351,570	1,375,850	1,388,970	1,412,190
商品ロス額推計（億円）	14,056	13,759	1,473	14,122
外部ロス額推計（億円）	7,492	6,329	6,413	9,320

Global Retail Theft Barometer/商業動態統計（経済産業省）より

年では全刑法犯罪認知件数に占める割合は15%を超えています。もちろんこれは氷山の一角であり、この陰に警察への届け出のなかったものや、万引そのものを発見できなかったという件数は含まれていませんし、それを知る術もありません。

　万引犯の犯人像としては、衝動的な理由(○○が欲しいけどお金がない、レジでの精算が面倒など)により万引をする出来心タイプがあります。この場合は多くの場合、窃盗点数が少ないことが多いのです。

　疾病、病的な常習犯を「クレプトマニア」と呼びます。「窃盗症」「病的盗癖」とも呼ばれる精神疾患の１つです。出来心タイプとは異なり、十分にお金を持っていながら、万引すること自体で快感や喜びを感じるのが目的で、盗んだものを使うことなく放置したり捨ててしまうことさえあります。

　疾病といえるものに認知症があります。高齢化社会が進む中でこのような万引犯罪が増えています。さきほどの統計でも高齢者の万引の比率が高まる傾向が明らかになっています。もちろん高齢者の万引がすべて認知症が原因ではありません。経済的な困窮もあるでしょうが、深刻なのは社会的な孤立です。そして再犯です。場合によっては収監されることもあり、社会復帰も困難になる場合も多いようです。

　被害額が大きく最も深刻なものに盗品を換金する経済目的の犯行があり、近年増えています。単独犯は特に繰り返し万引・窃盗を行い、逮捕されるまで続けることが多く、その被害額は1,000万円を超える事例も珍しくありません。盗んだ商品をインターネットのオークションやフリマサイトを利用して換金する

ことが多くなっています。ネット上で匿名で売り買いできるのもその1つの要因といえるでしょう。

組織的ないわゆる窃盗団もその存在感を高めています。特に交通至便な立地にある店舗の高額商品（衣料品や下着、化粧品、医薬品など）を狙って短時間に大量に盗み取っていく手口です。場合によっては建物の壁を壊して侵入するといった手荒な手口の犯行もあります。集団窃盗の場合は、奪った商品を海外へ持ち出すことも多く見られます。

3　バックルーム在庫がロスの温床

過剰な在庫、整理されていない在庫、バックルーム以外の場所に置かれている在庫、本来施錠されている場所に保管されていなくてはならない商品の保管場所の未施錠、従業員および取引先の店舗の後方からの自由な出入りなどの環境が犯行を助長します。単純な犯行は商品の持ち出しです。また、会計処理していない商品の店内での飲食もあります。

また、総菜類や肉魚類など店内で商品化作業を行う店舗では、定められた加工材料をより高価なものにする、増量する、不当に安価な売価をつけたものを特定の知人や家族に購入させたり、自ら購入するといった不正の手口があります。

荷受けの段階で検品結果の改ざんでの不正もあります。検品時に実際より少ない量で検品し、差分の商品を窃取するというものです。検品作業が特定の人間だけに集中して検品結果をチェックするしくみがないとこのような犯行が起きる可能性が高まります。一度の窃取額は小さくとも長期にわたって不正が行われることから被害額は大きくなる傾向があります。

廃棄した商品の持ち出しもあります。「すでに商品価値のないものだから店舗に損失はない」と自分の都合のいいように解釈して行います。場合によっては自身が欲しい商品に対して廃棄・値下げ処理をして持ち帰ることや値下げした商品を自ら購入するといった手口もあります。

4　チェックアウトでのロス

セルフサービスでの販売の場合は一括精算方式をとります。商品販売の最終

段階であるチェックアウトでは、現金を取り扱うこともあって、レジ操作を含む、多くの不正が発生する可能性があります。当然チェックアウトでは店舗従業員は定められたルールに従って正確な作業手順に沿った実行が求められます。

　レジでの不正では、まずお客と従業員の共犯によるものです。家族、友人・知人への不正な割引販売もしくはレジ登録をせずに商品を通過させるといった手口です。これをスウィートハーティングと呼びます。すべての商品をスキャンするのではなく高価な商品だけをスキャンしないので発覚しにくいといえます。他にもポイントカードの不正ポイントの付与、社員販売制度などを悪用した不正もあります。

　従業員による不正で最もわかりやすいのは現金の着服です。最近はスーパーマーケットなどでいわゆるセミセルフレジ（商品登録は従業員が行い、支払・精算はお客が行う）の導入によりレジ担当者は直接現金のやり取りをしませんから、難しくなっているでしょう。

　返品・返金処理も犯行手口の１つです。返品・返金処理はレジ操作で行うことが可能です。例えば客が残していったレシートの商品を返品・返金処理すると登録額と実際の現金との差異が生じます。キャッシュ・ドロワーにある現金から、その差額を着服するのです。類似の手口としてレシートを要求しないお客が購入したもののレジ登録をせずにその金額を着服するといったものもあります。飲食などはレシートを受け取らない客もいますから、その手口を利用できる機会も増えます。

　しかしチェックアウトでのロスの原因は内部だけにあるわけではありません。外部、つまり買物客の不正行為によってロスが発生することも当然あります。窃盗というよりは詐欺に近いものが多いです。

　別のお客が落とした、もしくは別の場所で窃取したクレジットカードを使用して不正に買物をする、クレジットカード情報を読み取る機器（スキマー）を用いたスキミングを行い、同じ偽造カード（クローンカード）を作って不正利用する、カード番号の刻印を消して、新たに盗んだ新しい番号を刻印するなどの手口があります。

　紙幣の偽造も最も古い犯罪の１つです。古いからといって過去のものではありません。2022年にもその犯行があったと報道されています。

容器交換とは、値札のついた容器から中身を取り出し、より高額な商品を容器の中に入れてレジを通過するというものです。容器がしっかりと密閉されていないと狙われやすくなります。

　同じようなものとして値札の付け替えがあります。値札だけではなく大型の商品の外箱に精算済みの証拠としてその店舗の名前なりロゴなどの印刷された幅広テープがホームセンターなどでよく使われます。これを未精算の商品に貼り付け、堂々と店外に出て行くといったことも実際にあります。

　万引した商品を返品し、その代金を受け取るといったもの、ある店舗で安い価格で購入した商品をより高い価格で販売している別の店舗で返品するといったもの。このような返品・返金詐欺はそう簡単にはできないのではと考えるかもしれませんが、カウンターで対応する従業員に対して威圧的な態度で無理やり返金を要求する場合は、従業員は身の危険を感じてその要求に屈してしまってもおかしくはありません。

　釣銭詐欺も古くからある手口です。5,000円を出して精算をし、おつりを受け取る際に「1万円を出したのにお釣りが足りない」といい、強い調子で言われれば、要求を呑むことも皆無ではありません。高額紙幣は、釣銭とレシートを渡した後にキャッシュ・ドロワーに入れるなどの基本動作ができていれば問題は起こりません。また、防犯カメラによる録画の利用も可能です。

　さて、チェックアウトにおける新しい手口はセルフレジの利用です。Columnにも書いていますが、これからセルフレジの導入はますます増えるでしょうから早急の対策が必要でしょう。

　セルフレジといってもいくつかの種類があります。日本で実用化されているものは第一に通称セミセルフと呼ばれる、商品スキャンはチェッカーが行い、代金の支払は買物客が行うというものです。買物客が自らの商品をスキャンして精算も行うものが純粋なセルフレジですが、これも有人レジと並んで設置されている固定式とお客が買物をしながら端末にバーコードをスキャンしていくものがあります。

　すでに実用化されているものには店内のカメラが買物客の手に取った商品、もしくは棚に戻した商品を認識することができ、お客が商品を手に持って無人レジに行くと、購入した商品の一覧が表示されて、お客が代金を支払うという

ものです。このようなシステムは、不正が起こりにくく、起きたとしても被害が小さいなどの条件の小型の店舗で採用され始めました。

セミセルフレジでは精算するふりをして精算せずに商品を持ち出すという「カゴ抜け」と呼ばれる手口があります。同様に買物客がスキャンするセルフレジでは、スキャンしたふりをして実際にはスキャンしないといったもの、高価な商品のバーコードの上に小型の安価な商品を重ね合わせてバーコードを読ませるといった手口もあります。

移動型のセルフレジはさらに問題が複雑です。スーパーマーケットにある固定式のセルフレジなら4台から6台に1人のサービス係（監視役）を配置してお客を見守って（見張って）います。これは大きな抑止効果となります。

一方、移動型のセルフスキャンレジでは、スキャンする場面を店舗従業員が確認できません。したがって、かごもしくはカートに入っている商品がすべてスキャンされたものかどうかは事実上確認することはできません。一部の商品をサンプリングスキャンすることはできたとしてもそれ以上のことは難しいのが現状です。また、買物客が恣意的にスキャンしなかったのか、誤ってスキャン漏れしたのかを識別することも困難であるために、恣意的にスキャンして不正に商品を窃取しようとした者に対してそれを指摘しても「誤ってスキャンできなかった」と言い訳されればそれ以上の追及は難しいでしょう。

また、セルフレジには通常のレジと同様にプリセットキーがあります。野菜などを袋詰めせずに裸で販売されているものには商品にバーコードがありません。例えば、りんごを登録したプリセットキーを押すことで精算できるのですが、バーコードなしの高額商品をより安価なプリセットキーを押すことによる不正が起きる可能性があります。日本のスーパーマーケットでは、ほとんどの商品にバーコードが付いており、バーコードが付いていない青果物などについても高額なものはなく、あまり大きな問題とはされていません。

7-5 ロスの原因究明と棚卸

> **Q** ロスの原因究明にはどのような方法があるのでしょうか？　また、棚卸結果から原因はわかりますか？

> **A** 棚卸を行うことで不明ロスの金額は明らかになります。しかし、棚卸をするだけでは、ロスの原因を特定することはできません。ただしロスの原因を特定するための分析のベースになることは間違いありませんから、むしろ棚卸後にどのように何をするかが重要です。

解　説

1　まず棚卸結果を疑う

　本章第3節の「棚卸ロスと不明ロス」では、棚卸などが原因で起こるロスを説明しました。また、棚卸前後の商品の出入りも棚卸と同様の結果となることも説明しました。

　終わったばかりの棚卸結果の検証は当然行うべきですが、すぐにもう一度行うことはできません。すべての原因追及のための調査に共通しますが、まずその店舗の部門、カテゴリーごとのロスの値から問題箇所に絞り込みます。

　ロス率が高い部門にフォーカスすることは必ずしも誤りではありませんが、ここではロス高に注目しましょう。ロス率はあくまでも売上高に対するものです。原因調査のターゲットは最もロス額が大きな部門です。なぜなら原因が特定できてロスを減少させることができればより大きな収益改善につながるからです。もし部門をさらに細かく分類した単位で、個別のロスデータが得られるのであれば、原因を見つける可能性は高まります。

　一方、期首棚卸の結果検証は難しいです。半年、短くても3か月前の棚卸結果を詳細には調査できません。そこで過去数年のロス率の変化を比較することも1つの方法です。本章第3節の**図表7-7**のロス率の推移の例を見てください。今期、前期、前々期のロス率が極端に上下しているのなら、棚卸や棚卸前後の商品の出入りに原因があるかもしれません。

2　不明ロスのばらつきを見る

図表7-9を見てください。縦軸はロス率で各チェーン企業のロス率の分布を表しています。3企業とも平均をとると、0.5%（×印）と同じになります。

しかし、この図が示すのは平均のロス率が同じであっても、店舗間のばらつきの原因が異なるということです。

直線は最大値と最小値を示しており、各ボックスは上位25%と下位25%を除いた残り50%を示しています。また、ボックスの中の横棒は中央値（数値の大きい順にデータを並べてその中央の値)を表しています。平均値よりも中央値が下回っているA社であれば、平均値を上回る店舗が少なく、一部のロス率の高い店舗が全体のロス率を引き上げているということになります。

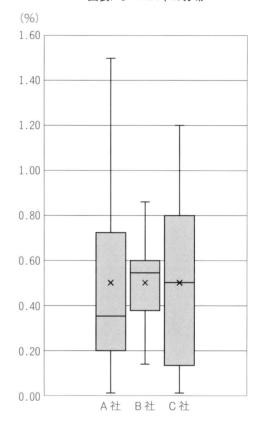

図表7-9　ロス率の分布

一方、最も小さいボックスB社はばらつきが少ないことを示しています。その逆に最も大きいボックスC社は、ばらつきが大きいことを示しています。このグラフはあくまでもモデルなので、詳細に分析はしませんが、ばらつきが大きい場合は、店舗によって商品管理業務も含めてさまざまな作業のルール、マニュアルが守られていない可能性があります。つまり店舗ごとにやり方が異なり、完全作業からはほど遠いのではないかという推測ができます。原因がわかれば対策はその裏返しです。店舗独自のやり方が放置されてルールが守られていないことがわかれば、まずは再教育が必要になるでしょう。

一方で、店舗間のばらつきが少なく、それでもロス率が高いのであれば、作業方法や手順に改善の余地があるのではないかと考えられます。つまり、決められたルールやマニュアルに示されている手順に問題があるのかもしれません。

　もしくは店舗に共通の問題（例えば、陳列や売場レイアウト、設備など）があるなど、ロスに対する脆弱性があるのかもしれません。また、効果的なロス対策が全社的に行われていないのかもしれません。

3　「ロス額（率）の ABC 分析」を行い重点対策の対象を決める

　ロスに関するデータに限らず、データは比較することで初めて活用できます。しかしどの軸で比較し評価するかによって、その分析結果も異なります。データの分析結果が異なれば、当然分析結果から推定される原因や、その対策も異なります。ロスの分析の評価軸の例として、誰でも考えつくのが、どの商品が、どれだけなくなっているのか（理論在庫と実在庫の差異）を把握することです。つまり、SKU 別の数量ベースでの把握です。これは、年 1 回もしくは半期ごとの実地棚卸ではあまり意味をなさず実際に有用とはいえません。

　この目的を満たすためには、第 3 章第 2 節で説明したように特定の商品の実在庫をより高頻度に調査する、いわゆるサイクル・カウンティングを行うべきです。ロスが多い、営業上の重要度が高いと考える部門、カテゴリーや商品（SKU）を対象として、常に在庫を把握し、またロスをできるだけ早い段階で発見し、その原因の追及と対策につなげるわけです。

　データを比較する際には、数値の大小も重要ですが、数値のばらつき（分散）も同様に重要です。すでに企業ごとの店舗間のばらつきの例について説明しましたが、C 社のようにばらつきが大きいのは企業としての管理水準の低さを表しています。つまり、店舗別、部門別、もしくは、過去から現在までの期間を比較して、そのばらつきが大きければ、業務プロセスそのものの実行度合いにばらつきがあることを示しているのです。つまり、決められたとおりに実行されていないことを意味します。

　さて、ばらつきが大きいのであれば、良い店と悪い店があるわけです。良い店と悪い店の差はどこにあるのかを調べる必要があるでしょう。このように第一に内部、つまり自分たちの問題として調査をするべきです。

　店舗ごとのロス率を求めて、ロス率の高い店舗を特定します。また、同様に店舗ごと・部門ごとのロス率の高い店舗を特定します。つまり、ABC分析のAグループを特定するのです。さらに時系列でのロス率の変化を見てみます。すると、一貫してロス率の高い店舗や店舗の中の特定の部門が見つかるはずです。

　この場合、内部や外部の不当・不正の可能性があります。また、廃棄や値下げ処理などの本来行うべき手続きが行われていないのかもしれません。店長やマネジャーの異動があった場合の数値変化も注意すべきです。一方で、ロス率が過去から上下しているのであれば、本章第3節で述べたようにロス率が上下するのは、実地棚卸や商品の入荷、販売などの手順ミスやルールからの逸脱が疑われます。逆ロスが出ることもこれに含まれます。

4　好事例が改善の糸口に

　一方でロスの原因を発見するのはそれが最終的な目的ではなく、ロスの削減が目的のはずです。では、ロス率の低い店舗や部門を調査することも対策を見つける上で有用です。ABC分析は悪い店舗や部門を特定することだけではありません。ロスの低い店がどのように運営されているのか、ロスの多い店とはどこがどう違うのかがわかれば、改善の糸口が発見できるかもしれません。

　決められた作業手順やルールを守っていてもロスが多い店舗がある一方で、ロスの少ない店舗ではそれとは異なる作業手順やルールで運営されている可能性もあります。ルール手順を遵守しないのは一概に悪と決めつけることはできません。もっと良い方法を発見できたのです。それなら今までのルールや手順を変更し、それを企業全体で共有できればいいのです。

5　事実と仮説

　棚卸結果は事実です。だからといって、ロスの原因が完全にわかるわけではありません。特定の内部不正が発覚した場合を除き、大半は仮説や推測の域を出ません。しかしビジネスには正解はありません。ロスの削減は棚卸結果という事実に基づき、仮説を立てて行動し、その結果を検証する、その繰り返しです。長期間にわたる地道で継続的な取り組みによってのみ、ロスは改善されていくのです。

7-6 ロスは予防するもの

Q 万引・窃盗が多くて困っています。犯人を捕捉しても、万引はなくなりません。どうしたらよいでしょうか？

A 万引犯を捕捉しても、万引しやすい環境を変えない限り万引はなくなりません。万引が発生したことに対する対策よりも万引を未然に防ぐことに注力すべきです。

解 説

1　対策と予防の違い

　事が起こってからなんとかしようとするのが対策です。しかし、それではさまざまな手間や費用がかかります。例えば、従業員の不正が発覚すればその事実関係の取り調べ、警察への報告、損害賠償請求などさまざまな手続きが必要になります。それに費やされる時間、場合によっては弁護士費用もかかるなど不正によって失われたもの以上に時間や費用が必要になります。

　これは万引についても同様です。警察への届け出や事情聴取を受けることなど、店の負担は大変大きなものです。

　ですからこのようなことが発生する前に予防処置をしっかりとって未然にロス発生の要因をなくしていかなければなりません。

2　ロス・プリベンション

　聴きなれない言葉ですが、ここで「ロス・プリベンション」という考え方について説明します。欧米小売業では30年以上前から実績を上げているリスク・マネジメントの手法として確立しています。基本的な考え方は4点です。①予防する、②プロセス主義、③ロスは一定にする、④費用対効果、です。

　それでは、従来の「ロス対策」と「ロス・プリベンション」ではどのように異なるのでしょうか。

　従来のロス対策は何か問題が起きてから対策に走ることが多いのです。つま

りロスの発生は異常事態ととらえます。しかしロス・プリベンションでは、ロスはあってしかるべきもので、一定基準以下にできればよいと考えるのです。つまり「ロスを撲滅しゼロにしてはいけない」ということです。実際ロスはもともとゼロにはできないのですから。

それでは改善がないではないかといわれるかもしれませんが、設定した基準を達成すれば、新たにより高い目標を設定し改善を続けると考えるのです。ですから、ロス・プリベンションでは日々の活動の中で継続して実行することが前提となっています。

図表7-10　従来のロス対策とロス・プリベンションの違い

	従来のロス対策	ロス・プリベンション
目　　的	ロスをなくす	ロスを一定基準以下に
前　　提	ロスは異常値	ロスの発生は必然
原　　因	外部に原因を求めたがる（万引）	業務プロセス全般（万引はその一部）
対象領域	ロスの高い店・部門と部分的	企業全体の経営問題（収益性）
対策計画	限定的、無計画、場当たり的	日常的な継続性と共通認識
対策実行	問題が発生してから	事前の予防、発生予測（過去の記録）
コスト	コストを考慮せず、対策費予算化せず	コストと効果で検討、対策費の予算化

「ロスの原因は？」と店長に尋ねると多くの場合、万引という回答が返ってきます。しかしこれまで説明してきたように万引だけがロスの原因ではありません。あくまでも我々に何らかの改善すべき点があるはずだと考えるのです。

レスター大学のエイドリアン・ベック名誉教授は**図表7-11**のように説明しています。不明ロスとは内部の者、外部の者を問わず不正行為、つまり犯罪行為によるものと悪意のないミスやルールを守らない2つに分かれるとしています。

さらに不正行為は内部、外部、取引業者の3つに、悪意のないミスはさまざまな原因で起きるとしています。重要なのは、犯罪行為も実はその機会を与えている我々に問題があるのだということです。これは次に説明するいわゆる犯

図表7-11　不明ロスと業務プロセス上の誤り

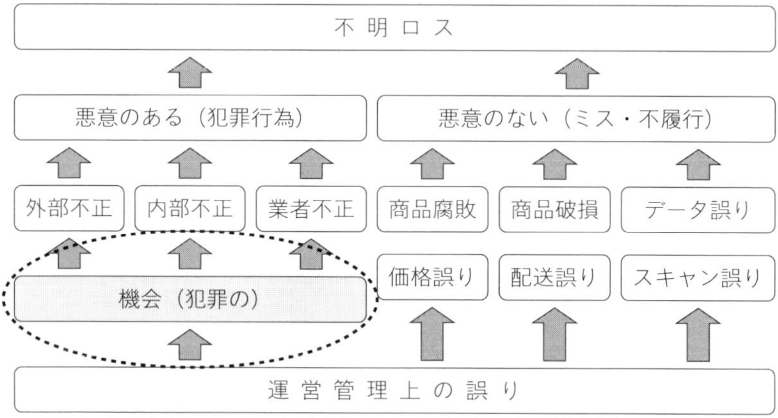

```
┌─────────────────────────────────────────────────┐
│                   不 明 ロ ス                     │
└─────────────────────────────────────────────────┘
        ⬆                          ⬆
┌───────────────────────┐  ┌───────────────────────┐
│  悪意のある（犯罪行為）  │  │ 悪意のない（ミス・不履行）│
└───────────────────────┘  └───────────────────────┘
   ⬆     ⬆     ⬆        ⬆      ⬆       ⬆
┌──────┐┌──────┐┌──────┐┌──────┐┌──────┐┌──────────┐
│外部不正││内部不正││業者不正││商品腐敗││商品破損││ データ誤り │
└──────┘└──────┘└──────┘└──────┘└──────┘└──────────┘
                        ┌──────┐┌──────┐┌──────────┐
    （機会（犯罪の））   │価格誤り││配送誤り││スキャン誤り│
                        └──────┘└──────┘└──────────┘
        ⬆                 ⬆       ⬆        ⬆
┌─────────────────────────────────────────────────┐
│               運 営 管 理 上 の 誤 り              │
└─────────────────────────────────────────────────┘
```

罪機会論とも密接な関係にあります。たしかに万引・窃盗など不正を働くもの
を悪いというのは簡単です。しかし、原因のすべてをそこに求めることは間違
いであり、われわれがその犯罪の機会をなくす、もしくは減らすことができる
はずだというのです。

　厳密にいえば対策とは何らかの不都合な事象に対して行われる方策です。つ
まり何かが起きないと対策を実行できないのです。ロス・プリベンションの日
本語訳は「ロス対策」です。より正確にその意味を示すとすれば「ロス予防」
もしくは「ロス防止」とすべきでしょう。ロス・プリベンションは事が起きる
前に犯罪行為やミスを、未然に防ぐための方策を計画的に実行すべきであると
いうものです。

　ロスを未然に防ぐことはロスを減らすことができるという利点に加えて、社
会的にも大変意義があります。ロスを減らせれば、企業の収益は改善します。
つまりそこで働く人たちの賃金原資が増えるということです。また、ロスが多
いと経営を圧迫された企業はその一部を値上げという形で消費者に負担させる
かもしれません。さらに、売場での犯罪が減り、安心して安全に買物ができ、
働くことができるのです。最後に犯罪者をつくらないことにつながります。ロ
スを未然に防ぐことはこれだけ人々の幸福に貢献することでもあるのです。

Column
10　　　全世界のロス額はどのくらいあるのか

　ロス額はいったいどのくらいあるのでしょうか。正確なところはわかりません。というのもほとんどの企業がロス額を公開することはないからです。アンケート調査をしても一部の企業しか回答しませんし、その数値の信ぴょう性も決して高くはありません。

　少々古いデータですが、世界中で16兆円あまりという推計値があります。

　日本におけるいくつかのアンケート調査では1％前後という結果が得られています。これは金額にすると1兆円前後です。またその内訳は日本では過半が万引・窃盗などの外部要因とされています。

　一方、全世界では内部・外部の不正が同じ程度で手順やルールからの逸脱はそれに比べると小さいとされています。

　アメリカの最新のデータでもアメリカ国内だけでも900億ドルを超えるとの報道があります。つまり13兆円以上ということになります。

　これらのロスはすべて小売企業の損失かというと必ずしもそうではありません。それぞれの企業の事業計画で設定した利益高がロスによって達成できない場合は、1つの選択として販売価格を上げることがあります。それを負担するのは結局消費者です。ロスは一企業の問題というよりも国民が負担しなくてならない社会的な大きな損失でもあるのです。

日本と世界のロス額

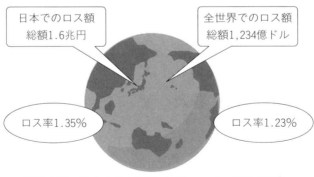

日本でのロス額
総額1.6兆円

全世界でのロス額
総額1,234億ドル

ロス率1.35％

ロス率1.23％

（出典：The Global Retail Theft Barometer 2014-2015）

7-7 ロス対策を考える

Q ロスの問題は悩ましい問題です。ロスをなくすための具体的な対策を教えてください。

A ロス対策はその原因がわかったとき、その原因となる条件を変えることです。ロスの原因はさまざまですから、1つの対策では十分とはいえません。またそれぞれの原因が別の原因とも関係があります。例えばある店舗では外部のロス対策、つまり万引に対する取り組みに力を入れ始め、結果を出しました。その中で内部不正も減ったのではないかと責任者は教えてくれました。外部の不正を把握し対策を打つことで、内部の人間にとっても不正が発覚するのではといったことが意識されたのかもしれません。

解 説

1 ルールや手順を守らないためのミスをなくす

ルールや手順が守られない理由の第1は、手順が明確になっていないこと、つまり文書化されていないことです。いわゆるマニュアルは作成されていないのです。つまり第一の対策はルールブック（マニュアル）をつくることです。

次はマニュアルを従業員全員が理解しているか、つまり教育を受けているかどうかです。せっかくマニュアルがあるにもかかわらず、その内容、いやその存在さえ従業員が知らなければまったく意味がありません。マニュアルをベースにした教育が必要なのは当然ですが、一度行えばよいというものではありません。新たに入社した従業員にも同様の教育が必要ですし、次に説明するマニュアル内容の変更時にも再度教育が必要です。

3つ目はマニュアルを更新しているかです。マニュアルは一度作ったら変える必要がないと考えがちですが、決してそうではありません。状況に変化があれば変える必要があります。また、実際にマニュアルどおりに運用してみて、不具合があるかもしれません。実行できないマニュアルは意外にあるものです。

4つ目はマニュアルどおり実行されていることを確認しているかです。もち

図表7-12 マニュアル・規定の運用の流れ

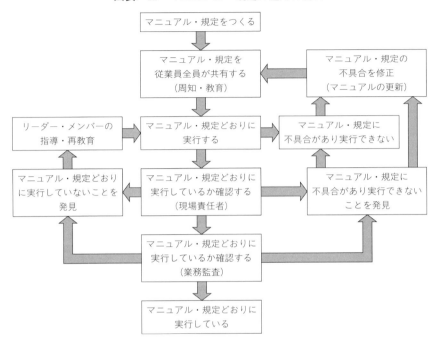

ろん日常業務でリーダーが実行状況を確認し、必要に応じて注意、再教育をすることも必要です。しかし、マニュアルやルールを確実に実行できない、もしくはルールから逸脱した作業が行われていたりしないかをリーダーが確実に把握して指導できるかというとこれも難しいです。そこでチームの業務の状況を監査する役割が必要となるのです。

2　内部不正をなくす

　内部不正は恥ではありません。内部不正を隠してしまうことのほうが恥です。内部不正も残念ながら他のロスと同様にゼロにはできません。ですから内部不正を予防するだけではなく、発見する方法も必要です。

　予防策として最も重要なことは従業員教育です。それは決められたことを教えるだけではありません。不正をしにくい企業風土をつくることです。従業員同士、もしくは従業員と買物客が"相互に監視する"仕組みを作り上げること

で不正行為がしにくい風土をつくるのです。それは単純に相手を疑うことではありません。むしろお互いに相手に対して関心を持つというということです。また相互監視の真の目的は商品を大切にする、いいかえると犯罪の機会をなくすことです。そうした考え方を全従業員に正しく理解してもらい、店長や管理職もチェックに参加することで商品が貴重な資産であることを全従業員の共通認識としなくてはなりません。

3　なぜ不正が発生するのか

　不正行為には「動機」があり、そのための「機会」と自己の行為を「正当化」するこの3つの要因があって初めて起きるものです。これを不正要因のトライアングル（**図表7-13**）と呼びます。不正の原因となる3つの要因のうち「機会」をなくすことが最も重要であり、そのための方策もいくつかあります。

図表7-13　不正要因のトライアングル

企業としての管理監督責任

＜機会＞

＜動機＞　　　＜正当化＞

個人的な資質・倫理観

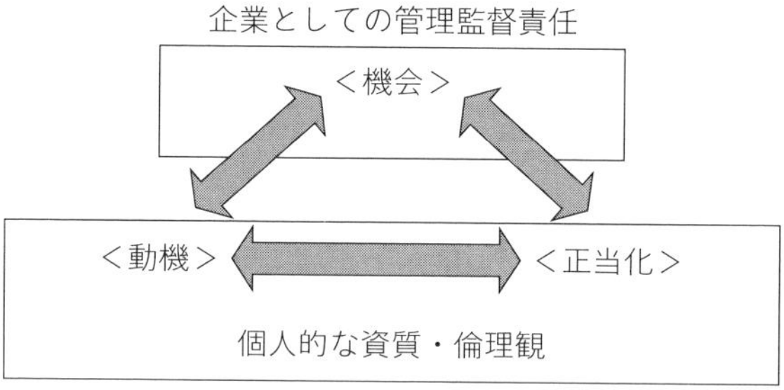

　一方で「動機」はどうでしょうか。なぜそのような「動機」を人間は持つのでしょうか。そしてそれをなくすことはできないのでしょうか。もちろん従業員への教育や指導も大切でしょう。しかし、教育や指導だけでその「動機」を完全になくすことはできません。

　不正行為を行う動機の中には「自分が認められていない」「自分が必要とされていない」と感じることがあるのではないでしょうか。職場で孤立感を抱き、誰にも自分の存在を認められないことこそがその動機となると考えてはどうでしょうか。

　働く仲間との連帯感を持ち、自分の職場に誇りを持っている従業員ならその

ような「動機」を持つことはないでしょうし、不正行為を「正当化」しようと
はしないはずです。では、具体的にどうすべきなのでしょうか。答えは1つで
はありません。「職場のよい風土をつくっていくことだ」、「コミュニケーション
をよくとっていくことだ」…いろいろな言い方や考え方があるでしょう。

　ある書店の店長がこう言っていました。「私は、他のスタッフと一緒に作業を
するようにしている。そうして隣で作業をしているうちに彼（彼女）から普段か
しこまったミーティングなどでは聞けない話を聞くことができる。それが新た
な気づきになり、そして信頼関係づくりにつながっていくと思う」。またある
スーパーマーケットの店長は「すべての従業員に必ず声をかけている」と言っ
ています。つまり「私はあなたの存在を認めている」ことを常に伝え続けてい
るわけです。

　もちろん、不正行為の「機会」、つまり不正ができる環境を放置しているとい
うことは個人の問題以上に管理者、企業側の責任です。まず「機会」を確実に
減らすことです。不正行為の「機会」をなくすためにすべきことを整理すると
以下の3つのステップで表すことができます。

①　チェック機能の構築：一人では作業を完結できないルールの設定
　不正要因の1つである機会を排除するにはまずすべての業務プロセスを見
直し、不正が発生する可能性のある業務についてチェック機能を構築します。
②　監査体制の構築：チェック機能の運用を監査する仕組みづくり
　次に、構築されたチェック機能が正しく運用できているか否かを監査しま
す。監査者は店舗内の人間ではなく、本部スタッフなど第三者の立場の人間
とします。
③　内部通報制度の設計：不正抑止機能の追加
　チェック機能のルールを徹底して監査機能を構築しても、その抜け穴をね
らって不正を働く者がいることを想定して抑止機能として有効な内部通報制
度を設計し、実施します。

4　外部不正をなくす

　万引対策として多くの企業が行っているとしているのが「従業員のお客様へ
の声かけ」としています。たしかに「声かけ」の効果があることはわかってい

図表7-14　小売企業が実施している万引予防策

実施している万引予防策（回答625社）	企業数	比率（%）
従業員のお客様への声かけ	504	80.6
防犯カメラを設置している	431	69.0
商品陳列を工夫している	226	36.2
社員などの店内巡回	226	36.2
保安警備員を配置している	202	32.3
店内ポスター、掲示物を作成し掲示	195	31.2
防犯ミラーの設置	180	28.8
防犯ゲートなど万引防止装置の設置	178	28.5
大量万引対策として警察、同業他店との情報共有	105	16.8
棚卸を頻繁に行う	66	10.6
店内放送で万引防止を呼びかける	58	9.3

第8回全国小売業万引被害実態調査（2013年特定非営利活動法人全国万引防止機構）

ます。実際に万引をして検挙された者へのアンケート調査でも声をかけられることで万引を思いとどまると回答した者が多かったのです。

　図表7-14にある対策はどの企業にもあてはまるというわけではありません。実は、ここには示されていない重要な対策があります。

　それは店舗の物理的な対策です。「見通しがよく死角をできるだけ減らす」、「高額品など万引の対象となりやすい商品をガラスケースなど施錠できる場所、空き箱陳列など、直接商品にアクセスできない場所に保管する」、「出入口を少なくして、入口と出口を別に設定する」といったものです。

　このような対策は意外に忘れられています。一度売場のレイアウトや陳列什器や出入口の位置を変えてしまえばいいのです。見通しのいい売場と見通しの悪い売場の差はもちろん陳列線の高さも重要ですが、それ以上に通路が直線直角に設定されていることが重要です（**図表7-15**）。

　外部不正とくに万引対策として多く導入されているシステムが防犯カメラおよび防犯ゲートです。これらは不正を働く者を発見することができるという点で有用ですが、より重要なのは「領域性」です。領域性を高めるとは犯罪を企

図表7-15　売場の対策

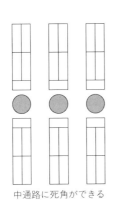 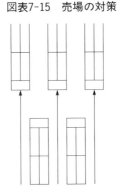 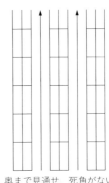

中通路に死角ができる　　　奥まで見通せない　　　奥まで見通せ、死角がない

図する者に対して心理的にも物理的にも「犯行がやりにくいな」と思わせるような工夫をすることです。防犯カメラが天井についており、売場には「防犯カメラ作動中」などと表示があれば、自分が撮影されているのではないかと考え犯行を断念するかもしれません。防犯ゲートも設置されているのを見るだけでこの店は防犯（万引）対策をしている店だと思わせる効果があります。どうしても防犯カメラや防犯ゲートで何人の万引犯を発見し捕捉できたかに注目がいきがちですが、それ以前に不正をたくらむ者たちに犯行を断念させたことこそがより重要なのです。

5　総合的に多面的に

　ここまでロスの対策について述べてきました。この中のどれを行えばロスは減らせるのかとの問いに読者のみなさんはもう答えられるはずです。1つの対策では効果は限定的であり、異なるロスの原因に対して総合的かつ多面的に予防策を実施することが必要だということです。

　しかし注意しなくてはならないのは、私たちの店舗が内外の不正行為を防ぐために存在しているわけではないということです。重要なのは多くのお客が気持ちよく楽しく買い物を楽しんでもらう店を作り上げ維持することです。そのためには店舗で発生する可能性のある不正犯罪行為をできるだけ未然に防ぐことが必要なのです。これはお客だけではありません。店舗はまた、そこで働く従業員1人ひとりが気持ちよく安心して働ける職場でもあるということです。

Column 11 画像認識技術と棚卸

　画像認識技術は長足の進歩を遂げており、個人の顔の識別ではマスクをしていても90％識別できるそうです。

　ここでは人の認識ではなく、商品の認識技術について紹介します。商品の画像と商品の陳列位置情報を用いて自分で支払を済ませるシステムはすでに国内でも実用化されています。高輪ゲートウェイ駅の改札内の売店がその最初のものです。売場の商品画像を識別して欠品や陳列の状況を把握しようという試みも多くされています。ただ、現時点では表面の商品は認識できてもその後ろに隠れている商品までは認識できません。棚卸という観点からいえば、自動的に数量を確定するまでにはさらなる技術の進歩が必要でしょう。

　売場の状況を把握しようとする試みは多いですが、ロボットを走らせて商品の画像を撮影するシステムと人間が手に持って売場を横に移動しながら撮影するという方式があります。ロボットのほうが省人化には貢献するでしょうが、初期投資額や運営維持コストは人が携帯端末を持って行うものと比べて現状では高額になると思われます。また、ロボットが売場を移動するとなると営業時間中に動かすことは難しい面があります。充分に幅の広い通路が確保できればできないことはないでしょうが、やはり買物客にとっての影響は避けられません。また、定点カメラを多数天井に取り付けるという方法も実施例があります。

　スマートカートと呼ばれるショッピングカートは複数のカメラとセンサーを用いて商品画像のみで商品を識別しようというものです。アメリカの野球場ですでに導入されているとのことですが、商品の種類の多いスーパーマーケットでの実用化まだ時間がかかりそうです（ひょっとしたらこの本が出版されたときには実用化されているかもしれませんね）。

https://www.caper.ai/　　　　　https://veeve.io/

索　引

【監修者紹介】

株式会社エイジス

1978年日本で初めて小売業を対象として実地棚卸サービスを事業化。国内に営業拠点を80箇所以上設け、日本の小売業売上上位100社のうちおよそ8割が棚卸サービスなどのリテイルサービスを利用し、その数はエイジスグループで年間20万店以上。2003年の韓国進出を皮切りに、現在中国(上海、北京、広州、香港)、台湾、タイ、マレーシア、ベトナム、フィリピンにも事業を展開するとともに、日本国内ではエイジスグループとして、総合リテイルサービスを拡大しつつある。

【著者紹介】

近江　　元 (おうみ・はじめ)

東北大卒。20年以上エイジスグループで棚卸を含むリテイルサービスに従事。マーチャンダイジングサービス会社社長、韓国現地法人社長、エイジスリテイルサポート研究所株式会社社長を経て、現在同社顧問。また、工業会日本万引防止システム協会(JEAS)副会長、特定非営利活動法人全国万引犯罪防止機構理事・LP(ロス・プリベンション)教育制度作成委員長として、小売業の万引犯罪を含むロス対策に取り組んでいる。

3つのステップを完全マスター！
実地棚卸なるほどQ&A

2022年12月10日　第1版第1刷発行

監修者　株式会社エイジス
著　者　近　江　　　元
発行者　山　本　　　継
発行所　㈱中央経済社
発売元　㈱中央経済グループ
　　　　パブリッシング

〒101-0051　東京都千代田区神田神保町1-31-2
電話 03 (3293) 3371 (編集代表)
　　 03 (3293) 3381 (営業代表)
https://www.chuokeizai.co.jp
印刷／昭和情報プロセス㈱
製本／㈲井上製本所

© 2022
Printed in Japan